Maximilian Dorner • Steht auf, auch wenn ihr nicht könnt!

Maximilian Dorner

Steht auf, auch wenn ihr nicht könnt!

Behinderung ist Rebellion

btb

*Die einzig interessante Handlung im Leben ist es,
ein Wunder zu vollbringen oder daran zu scheitern.*

SUSAN SONTAG

Gebrauchsanweisung

Dies ist kein Buch für eine Nacht, denn es handelt von Behinderungen aller Art. Und noch mehr davon, was wir deswegen unterlassen, oder – wenn wir uns trauen – daraus machen könnten. Zusammengefasst schnurrt es auf drei Empfehlungen zusammen:

Hinschauen, ohne zu verkrampfen!
Aufstehen, auch wenn man es nicht kann.
Widersprüche aushalten.

Für den Partytalk muss das reichen, um das Schweigen zu brechen. Sprachlosigkeit ist die am weitesten verbreitete Behinderung, ob nun in einer fremden Sprache, einer neuen Schulklasse oder in einer Firma mit ungeschriebenen Regeln. Und es ist die einzige, die sich überwinden lässt.

Man darf Behinderungen nicht zu viel Aufmerksamkeit widmen, sie beanspruchen von sich aus eher zu viel als zu wenig. Genauso wichtig ist es jedoch, dass man sich mit ihnen beschäftigt. Irgendwann im Leben muss man das eh, warum also nicht gleich?

Dabei ist es gar nicht so leicht, etwas sichtbar zu machen, was man am liebsten unsichtbar machen würde, zumindest für all diejenigen, die nichts anderes mehr wahrnehmen. Aber da müssen wir jetzt gemeinsam durch.

Und sobald Sie merken, dass dieses Buch bei Ihnen nichts mehr ins Schwingen bringt, verschenken Sie es! Wahrscheinlich haben Sie dann Ihren eigenen Behinderungen ausreichend Beachtung geschenkt.

München, im Februar 2019

Inhalt

1 // Umleitungen *11*
Annäherung durch Selbstauskunft

2 // Außenansichten *31*
Wie auf Behinderte geschaut wird

3 // Familienangelegenheiten *49*
Der Umgang untereinander

4 // Inklusionsgedöns *65*
Ein Staatsbegräbnis erster Klasse

5 // Kurswechsel *85*
Behinderungen mal anders betrachten

6 // Widersprüche *105*
Warum sie aus keinem Leben wegzudenken sind

7 // Hilfe *113*
Alles andere als selbstredend

8 // Rebellion *123*
Was sich aus Wut machen lässt

9 // Risse *139*
Wie dünn das Eis doch ist

10 // Solidarität *155*
Auf der Suche nach Komplizen

11 // Abgesang *169*
Krone aufsetzen und weiterverbeugen

12 // #BehinderungIstRebellion *185*
Das Manifest zum Annageln an geeigneter Stelle

Dank *189*

1 // Umleitungen

#Selbstauskünfte

»Es folgen Staus und Behinderungen ab drei Kilometern Länge.« Die Radiosprecherin nudelt sie runter wie die Nebenwirkungen eines Medikaments. Das ganze Sendegebiet scheint gerade aus nichts anderem zu bestehen. Kein Wunder, dass da niemand vor Begeisterung aufspringt. Wer kann, nimmt sogar einen Umweg in Kauf. Und wer nicht kann, hofft, dass es bald wieder heißt: »Zur Zeit liegen uns keine Störungen vor.«

Auf Stockungen muss man sich also gefasst machen, wenn es um Behinderungen geht – und auf Umleitungen. Denn der direkte Weg ist eben versperrt. Es dauert wesentlich länger, bis man ans Ziel kommt. Auch das gehört bei Staus und Behinderungen mit dazu. Alle Pläne werden über den Haufen geworfen.

Die Parallelen zu körperlichen, geistigen oder seelischen Behinderungen gehen weit über das Sprachliche hinaus: Für beide kann der Betroffene nichts. Bei beiden ist man gezwungen, sich dazu irgendwie zu verhalten. Und beide lassen sich nur begrenzt umfahren, schönreden oder ignorieren. Auch dem Thema Behinderung kann man nur mit Behinderungen näherkommen. Mit unvorhergesehenen Abzweigungen, mit Umkehren, mit unfreiwilligen Pausen und Wiederholungen. Sie sind eine Schule in Geduld.

Es gibt jedoch auch einen entscheidenden Unterschied: Für motorisierte Vierräder hat man nun schon über hundert Jahre lang ohne jede Diskussion Rampen in Form von Straßen, Brücken und Parkplätzen gebaut. Barrierefreiheit ist meistens eine Frage des Willens.

Wie viele Sendeminuten verschlänge die Aufzählung meiner eigenen Behinderungen? Renitent spastische Beine, Augen voller Müll vergangener Schlachten, mit einem Hemdknopf überforderte Hände, eine auf Widerspruch gebürstete Blase… Eine zu lange Liste wirkt schnell streberhaft. Also belasse ich es zusammenfassend bei der einzig sichtbaren Behinderung: dem Rollstuhl. Meiner ist kein Kassenmodell, sondern ein durchdesignter und sündteurer Schlitten, in dessen Hochglanzprospekten mit Phrasen wie »ausgezeichnete Fahrperformance« um sich geschmissen wird. Die Seitenteile sind aus angeblich unzerbrechlichem Carbon. Das ist aber schon das Einzige, womit ich bei Nichtbehinderten Eindruck schinden kann. Irgendwie habe ich es nach nur einem Jahr geschafft, auf dem schwarzen Aluminiumrahmen zahlreiche Dellen und Kratzer zu hinterlassen. Aber so genau schaut eh niemand hin.

Auch nach zehn zunehmend behinderten Jahren erlebe ich Momente maßlosen Staunens über mein umgeleitetes Leben. Meist dann, wenn ich mich in einer Schaufensterscheibe gespiegelt sehe. Ich wirke nie so cool, wie ich mich eigentlich fühle, sondern wie ein Mittvierziger im Rollstuhl. Was tust du hier eigentlich, frage ich dann das Spiegelbild, warum läufst du nicht einfach?

Es ist gar nicht einfach, sich dem in seiner Widersprüchlichkeit anzunähern, selbst dann nicht, wenn es einen täglich betrifft.

Die Behinderung regiert in jeden Lebensbereich mit hinein. Rund um die Uhr und in jeder Lebenslage. In jeder, leider… Mein Leben ist ein Tohuwabohu aus Überforderung, Rastlosigkeit, kaputten Liften, Überheblichkeit und Nachsicht. Ich weiß selbst manchmal nicht, ob ich alles im Griff habe oder mich nur nicht traue, das Gegenteil zu akzeptieren. Staus und Behinderungen eben.

Am meisten schmerzt nicht der Verlust der großen Dinge, sondern die Unmöglichkeit der kleinen: in einem fremden Bett aufzuwachen und noch vor dem Kaffee zu gehen. Ein Glas Wasser zu holen, nachdem man sich hingelegt hat. Nach einer aufregenden Vorstellung mit den anderen Zuschauern zum Jubeln aufzuspringen. Oder einer Freundin beim Umzug zu helfen. Immer läuft es auf den Schmerz hinaus, Autonomie verloren zu haben. Und auf die Sehnsucht nach der alten Freiheit.

Als ich noch Auto fahren konnte, war ich oft leicht gereizt: Ob die anderen Autofahrer nun zu langsam oder zu schnell fuhren, schlichen oder nicht früh genug blinkten. Keiner konnte es mir recht machen. Aber nicht alles hat mit mir zu tun. Vielleicht sollte ich also auch andere Behinderte ihr Ding machen lassen. Wenn jemand von »Behinderung« spricht, meint er nicht zwangsläufig mich. Sich angegriffen zu fühlen, obwohl man es objektiv nicht ist, ist ein Anzeichen für Narzissmus. Der vermeintliche Angreifer hatte im Zweifelsfall etwas ganz anderes im Sinn. Und ganz ehrlich: Es gibt nichts Peinlicheres, als mit geballten Fäusten und mit Schaum vorm Mund einer Windmühle gegenüberzutreten.

Manchmal macht es mich unendlich müde, immer über Behinderungen zu sprechen. Jeder versteht das und ist erleichtert. Und dann bin doch wieder ich es, der irgendwann darauf zurückkommt. Behinderung ist wie ein Fluch.

Das Leben ist schon *ohne* eine Zumutung, *mit* eine tägliche Frechheit. Da hilft nur eines: Klarheit – mit sich selbst und mit anderen, wenigstens das. Sich nicht mehr verstellen, offenbleiben. Vor allem aber, sich selbst eingestehen zu können, wenn man sich verfahren hat.

Dafür braucht es also Nachsicht. Mit mir und mit anderen. Das heißt erstens: nicht jede Äußerung auf sich zu beziehen, selbst die an mich gerichteten. Und ich zumindest benötige für Nachsicht genauso viel Disziplin wie Neugier – und Geduld. Qualitäten, die auch ohne Behinderung nicht schaden.

Und es bedeutet zweitens: sich nicht vom Augenblick wegreißen zu lassen, sondern erst einmal einen Schritt zurückzutreten. Nachsicht durch Abstand also. Und mir selbst dann zu verzeihen, wenn das nicht auf Anhieb gelingt. Immer im Wissen darum, dass Behindertsein bedeutet, lebenslang mit einer nicht heilenden Wunde herumzulaufen, die in jedem Augenblick wieder aufbrechen kann.

Es hat ein paar Jahre gebraucht, bis ich dazu in der Lage war: Geduld zu üben mit den Schwächen anderer wie mit den eigenen, zumindest momentweise. Manchmal schlägt das dann in echte Gelassenheit um, manchmal in Gleichgültigkeit.

Wäre ich Golfspieler, könnte ich ohne Hemmungen sagen: Ich arbeite täglich an meinem Handicap: nachsichtig und aufmerksam. Ehrlich, ohne zu verletzen. Hinschauend und nicht wegsehend. Mich nicht zufriedengebend mit den handelsüblichen Phrasen – das alles verlangt, sich angreifbar zu machen, und damit sichtbar.

#Behinderungsschule

Unvermittelt behindert zu sein, das ist ein ebenso elementarer Einschnitt ins Leben wie für andere die Geburt eines Kindes. Mit einem Mal ist alles anders. Und irgendwie doch gleich. Und dann wieder ganz anders.

Eine erworbene Behinderung zwingt einen, sich selbst anders wahrzunehmen. Und das dauerhaft, auch wenn es ein paar Jahre braucht. Auf jedes Foto schmuggelt sich dieser Rollstuhl. Es kann drum herum alles noch so harmonisch sein, das schwarze Ungetüm schreit: Hier bin ich!

Er ist mein Schatten. Und auch nach acht Jahren ist es mir noch nicht gelungen, ihn zu übersehen oder zu vergessen. Kein einziges Mal. Wie lange diese Annäherung wohl noch braucht?

Eine Behinderung verändert die Beziehung zu anderen Menschen, vor allem aber verstärkt eine Behinderung Charakterzüge. War man vorher ängstlich, ist man es jetzt noch mehr. War man vorher ein Abenteurer, wird man noch tollkühner.

Zukunftsaussichten, Pläne, Wünsche, kurz: Alles, was ein Leben ausmacht, justiert sich neu. Das braucht seine Zeit. Die Beziehungen zu sich und zu den anderen gruppieren sich unmerklich um. Man wird anders angeschaut, wird man selbst schaut auch anders auf die anderen.

Ich versuche, mich an die erste Zeit im Rollstuhl zu erinnern. Was müssen das für wilde, abenteuerliche Tage gewesen sein! Voller neuer Erfahrungen. Voller Abenteuer.

Doch da kommt gar nichts. Vielleicht, weil ich am Anfang vollauf damit beschäftigt war, halbwegs unfallfrei von A nach B zu gelangen. Hängen geblieben ist nur eine riesengroße Erleichterung nach Jahren mit Gehstock und Krücken. Das Gehen war vor dem Rollstuhl immer mehr zur Tortur geworden. Noch heute messe ich jeden Weg nach der letzten Gehstrecke: Ist sie machbar oder überfordere ich mich wieder? Diese Haltung hat sich mir eingebrannt. Und wenn jemand für mich einen Umweg in Kauf nimmt, beispielsweise zum Supermarkt und zurück, erstarre ich in Hochachtung.

Wie hat sich mein Blick auf die Welt verändert? Aus dem Rollstuhl, wohlgemerkt. Nun, ich bin auf die Größe eines Neunjährigen geschrumpft. Steigungen spüre ich bereits, wo andere noch meinen, es ginge bergab. Kleinste Unebenheiten prägen sich mir tiefer ein als Sehenswürdigkeiten. Überhaupt: der Boden. Seine Beschaffenheit, geborstene Pflastersteine, Glassplitter und anderer Müll. Und natürlich Stufen. Überall tauchen sie auf, überflüssig meist, Überbleibsel aus Zeiten mit regelmäßigen Überschwemmungen und von der Haustür fernzuhaltendem Straßendreck. Mein neuer Stadtplan hat sich über den alten gelegt. Sehr viel ist dabei ergänzt, manches schlicht und einfach überschrieben worden.

Wann habe ich eigentlich zuletzt selbst einen Rollstuhl geschoben? Das ist schon sehr lange her. Ich war neunzehn und Zivildienstleistender. Christa, eine Altenpflegerin, kölnerte nach dem Mittagessen alle zwei Wochen los: »Ma-haax, gehst du zum Heimleiter und bettelst um etwas Geld?« Sie blinkerte mit den dick schwarz umrahmten Augen. Ich nickte und redete wenig später so lange auf den Chef ein, bis er keinen anderen Ausweg sah, als seine schwarze Kasse zu öffnen.

Gemeinsam mit Christa betreute ich tagtäglich ungefähr ein Dutzend älterer Damen, die ihr Gedächtnis allesamt komplett verloren hatten. Neben Mensch-ärgere-dich-nicht (man musste nur immer höllisch aufpassen, dass sie sich die Figürchen nicht in den Mund schoben) liebten sie Musik. Und so gingen wir mit ihnen regelmäßig ins Münchner Hofbräuhaus. Auf dem Weg dorthin, durch die leicht abschüssige Fußgängerzone, nahm ich mitsamt dem Rollstuhl und der Darinsitzenden Anlauf und schwang mich salopp auf die beiden Kipphilfen. So rasten wir dann im Slalom um verdutzte Fußgänger herum. Die Dame vor mir kicherte vergnügt und verlangte nur eines: »Schneller, schneller!«

#NoExpert

Allein in München waren zum Jahresende 2015 genau 8894 Menschen, amtlich beglaubigt, »außergewöhnlich geheingeschränkt«, kurz *aG*. Das ist ein Euphemismus für: komplett unfähig zu laufen.

Eigentlich wäre ich zu diesem Stichtag Nummer 8895 gewesen. Aber zu der Zeit hatte ich weder Lust noch Energie, mir das auf dem Schwerbehindertenausweis bestätigen zu lassen. Ich fuhr quasi inkognito.

Für den Ausweis hatte ich mit Fleiß ein Foto ausgesucht, auf dem ich sehr schlecht gelaunt aussehe. Als ob ich gerade meine lebenslange Haftstrafe anträte. Das passt zur Bildunterschrift: »Gültig bis: unbefristet«.

Als Vergleichsgruppe für aGler wie mich werden herangezogen: *Querschnittsgelähmte, Doppeloberschenkelamputierte, Doppelunterschenkelamputierte, Hüftexartikulierte und einseitig Oberschenkelamputierte, die dauernd außer Stande sind, ein Kunstbein zu tragen, oder nur eine Beckenprothese tragen können oder zugleich unterschenkel- oder armamputiert sind*, wie es in der entsprechenden Richtlinie heißt. – Das muss ich unbedingt auswendig lernen. Denn es hat etwas Beruhigendes, dass sich selbst die kompliziertesten Lebenslagen bürokratisch irgendwie erfassen lassen. Beruhigend, aber gleichzeitig auch einschläfernd. Vielleicht geht es mir genau deswegen darum, unter ja keinen Umständen Experte in eigener Sache zu werden.

Wie gut ich das Gleichgewicht zwischen Tragik und Komik austariere, hängt von meiner Tagesform ab. An einem Tag nerven mich Witzeleien, am nächsten witzle ich selbst. Aber was bleibt mir anderes übrig, als halbwegs gut gelaunt zu sein? Auch eine Behinderung darf man genauso wenig vollkommen ernst nehmen wie sich selbst.

Über die 8895 Personen hinaus waren Ende 2015 in München fast 43.000 Menschen in ihrer Mobilität stark eingeschränkt. Wenn wir uns gemeinsam vor einer Behindertentoilette anstellen würden, reichte die Schlange locker einmal um den Starnberger See herum. Alleine bin ich also schon mal nicht. Das ist tröstlich.

#Blutdurst

Mein Kopf ist auf die Brust gesunken. Wenn nicht bald etwas geschieht, werde ich aus dem Rollstuhl fallen. Der Hals schmerzt unterhalb des rechten Ohrs wie Feuer. Vielleicht blute ich. Jemand hat mich gebissen und liegt nun mit über der Brust verschränkten Händen auf dem Boden.

Aus Lautsprechern scheppert ein Musical-Song. Vor mir steht eine Frau. Barfuß in einem blutbefleckten weißen Hochzeitskleid. Plötzlich beginnt sie zu singen, nicht im Takt, und ohne die Töne zu treffen, aber voller Leidenschaft:

Doch die wahre Macht, die uns regiert, ist die schändliche, unendliche, zerstörende und ewig unstillbare Gier.

Ich weiß nicht, ob sie den Text auf sich und mich bezieht oder ob ihr einfach die schmalzige Musik gefällt.

Auch das Publikum ist verunsichert. Darf man lachen, wenn zwei Schauspieler *mit* Down-Syndrom zwei ohne kreischend über die Bühne hetzen, um sie auszusaugen? Inständig, aber vergeblich, hoffte ich zu Beginn der Szene, dass der Vampir nicht wieder in echt zubeißen würde wie bei der Probe.

Während die ersten Freunde anfangen, für ihre Midlife-Crisis zu proben, stehe ich auf einer Bühne und mache Witzchen über Menschen mit und ohne Behinderung. Ohne singen zu können, singen wir, die mit Down-Syndrom gemeinsam mit mir: Das ist sie, *die schändliche, unendliche, zerstörende und ewig unstillbare Gier.*

Hinter uns auf einem Barhocker hält die Akkordeonistin ihr Instrument auf den Knien. Sie gluckst begeistert. Und über das Gesicht meiner sich ebenfalls totstellenden Schauspielerkollegin huscht ein Lächeln. Das Publikum klatscht befreit nach dem Song. War also doch alles nur ein großer Spaß. Und die Vampire nur nach Applaus gierende Schauspieler, oder doch nicht?

Ende der Vorstellung. Die vier Darsteller verbeugen sich, Hand in Hand. Drei mit, eine ohne Behinderung. Drei Heteros, ein Schwuler. Drei Biodeutsche, ein Halbspanier. Zwei Frauen, zwei Männer. Zwei mit, zwei ohne Down-Syndrom. Die Grenzen verlaufen nicht an der Linie behindert oder nicht. Schon bei den Proben verschoben sie sich von einem Augenblick zum nächsten. Mal solidarisierten sich die Geschlechter, mal die Chromosomen, mal die Leidenschaften. Oder aber der Hunger bildete ganz neue Fraktionen ...

Das Theater, in dem wir spielen, befindet sich im Keller. Der viel zu enge Lift ist nur durch eine klobige Stahltür zum Hinterhaus zu erreichen. Ohne fremde Hilfe würde ich sie nicht aufbekommen. Sollte jemand den Strom abschalten, fände ich nicht einmal die Tür. Jetzt nur keine Panik. Was, wenn in dem Publikum ein echter Vampir wäre? Alle anderen könnten wenigstens versuchen, über die Treppe zu fliehen. Bis auf mich. Ich könnte nichts tun, als ergeben auf mein Ende zu warten, den Launen des Vampirs ausgeliefert.

Hin und wieder sollte ich mir das klarmachen: Mein Körper ist noch gefährdeter als vor der Behinderung, mich trennt manchmal sehr wenig von einem echten Unglück. Und obwohl die Behinderung mich täglich mehrfach daran erinnert, im Hier und Jetzt zu leben.

Es gibt kein Entkommen. Aber gilt das nicht für alle?

Klar ist nichts. Auch ich könnte der Vampir sein. Und zuerst fresse ich all diejenigen ohne Behinderung, die mir ausschweifend erklären, was Menschen mit Behinderung brauchen. Bleibt nur zu hoffen, dass immer jemand übrig bleibt, der mir den Lift herunterschicken kann.

#IchBinEinStar

»Max, du bist berühmt.« – Manche Freunde behaupten das mit unüberhörbar spöttischem Unterton. Dabei wäre wohl angebrachter: Ich bin *fast* berühmt.

Zu Beginn meiner Behindertenkarriere bin ich mitsamt dem schwarzen Gehstock in einem Privatflugzeug über die Freiheitsstatue geflogen worden, unmittelbar, nachdem ich innerhalb einer Woche fünfmal im Fernsehen zu sehen war, als Gast diverser Talkshows. Und erst letztes Jahr habe ich dem Bundespräsidenten die Hand geschüttelt.

Am Morgen nach dem Empfang wache ich in dem Berliner Hotelzimmer auf. Die Beine sind wie festbetoniert miteinander verknotet. Es braucht quälend lange, um sie aus dem Bett zu bekommen, da ich mich nirgendwo festhalten kann. Wäre ich berühmt, hätten mindestens drei Groupies vor meinem Bett geschlafen und würden mir jetzt mit Seufzern des Entzückens helfen. Später würden sie überall herumerzählen, dass ich selbst in so einer Situation gelassen bliebe. Der Inbegriff eines Stars. Aber ich bin keiner.

Eine Stunde später, die garantiert nicht in meiner Autobiografie auftauchen wird, versuche ich, den obersten Knopf des Hemdes durch das viel zu enge Loch zu quetschen. Vergeblich. Und das braucht so viel Konzentration, dass kein Raum bleibt für Entspannung.

Die Behinderung hält mich fest an der Oberfläche des Jetzt. Die Banalität des Alltags, das Anziehen der Hose, das Binden der Schuhe, all diese vermeintlichen Nichtigkeiten verlangen viel Kraft, bewahren mich vor Höhenflügen. Ich bin Mitte vierzig und jeden Morgen wieder ein Vierjähriger. Schleife binden? Fehlanzeige. Knöpfe des Hemdes zubekommen? Fehlanzeige. Wutausbrüche, um sich schlagen.

Die *Süddeutsche Zeitung* hat schon so viele Artikel über mich veröffentlicht, dass selbst meine Eltern inzwischen nicht mehr zum Kiosk laufen, wenn mal wieder einer erscheint. Für eine Homestory in der *Bild der Frau* habe ich einmal sogar nicht vorhandene Blumen gegossen. Damals waren mir die Fotos ungeheuer peinlich, heute amüsiere ich mich gerade über die leere Gießkanne. Also doch berühmt, und alles bloß, weil ich nicht laufen kann, aber ununterbrochen darüber rede? Verrückte Welt.

Nach der knapp gewonnenen Schlacht mit den Knöpfen fühle ich mich reif für das Bundesverdienstkreuz. Mit Schärpe und allem Drum und Dran. Und für den täglichen Gebrauch eine silberne Ansteckandel. Doch das Leben geht weiter. Trotz Regens und eines nicht funktionierenden Fahrstuhls gilt es, zum Berliner Hauptbahnhof zu kommen.

Ich fahre bereits den zweiten Rollstuhl, da beim ersten schließlich alle zwei Wochen etwas kaputtging. Schrauben, die für die Ewigkeit erdacht wurden, ließen sich plötzlich nicht mehr festdrehen. Speichen brachen auf mysteriöse Art. Das Fußbrett fiel auf einmal ab... – Die Beziehung zu meinem Rollstuhlmechaniker ist irreparabel beschädigt. Nach jeder Begegnung unterstelle ich ihm komplette Unfähigkeit und stehe doch spätestens einen Monat später wieder auf der Matte, in Ermangelung einer Alternative. Mein erstes Handbike, mein Fahrrad-Ersatz, brach ohne einen Schmerzenslaut auseinander. Hilfsmittel sind überaus gebrechlich und für Behinderungen mindestens so anfällig wie Menschen.

Am schmerzhaftesten spüre ich meine Behinderung am Ufer eines Sees. Schwimmen kann ich nun schon seit acht Jahren nicht mehr. Mittlerweile habe ich sogar deutlich mehr Menschen erzählt, dass ich nicht schwimmen kann als mit acht Jahren, dass ich es kann. Habe ich damit auch einen Teil des Respektes vor mir selbst opfern müssen? Wie viel Selbstachtung erlaubt ein Rollstuhl?

Es vergeht kein Tag, an dem ich nicht mindestens einmal »Behinderung« oder etwas aus diesem Wortfeld verwende. Manchmal frage ich mich, ob es noch andere Themen in meinem Leben gibt.

Wenn mir das Ganze bei etwas geholfen hat, dann allerdings dabei, mit meinen Ängsten klarzukommen. Und ich schere mich nur noch wenig darum, was sich andere denken könnten, dafür nimmt mich die Behinderung zu stark in Beschlag.

Manchmal bin ich das alles leid. Und dessen überdrüssig. Und sehr müde. Meistens jedoch liebe ich mein Leben. In dieser Hinsicht also alles normal.

Also eher nicht berühmt, nur anders.

#Ahnengalerie

Über dem Sofa in meiner Küche hängt seit Studientagen ein Stich der französischen Schauspielerin Sarah Bernhardt aus dem 19. Jahrhundert. Damals erwarb ich ihn, weil sie eine der ganz Großen des Theaters war. Und ich schon damals eine Schwäche für Diven hatte.

Nun hängt das Bild dort, weil Sarah Bernhardt eine der ersten gefeierten Künstlerinnen mit (nicht trotz!) Behinderung war. Auch wenn kaum jemand etwas von ihrem Holzbein wissen sollte. Die Prothese bekam sie, als der über Sechzigjährigen der rechte Unterschenkel amputiert werden musste. Dennoch oder vielleicht gerade deshalb spielte sie im Ersten Weltkrieg für die französischen Soldaten an der Front.

Dass sie sich von nichts abhalten ließ, gefällt mir. Und dass sie sich gezeigt hat, sich nicht versteckt hat. Es müssen mehr Menschen mit Behinderung auf die Bühne und ihr Gesicht in die Scheinwerfer halten!

Mir jedenfalls hilft bei einem Stehempfang die Vorstellung, gerade Teil einer gefeierten Inszenierung in meiner Paraderolle als *Sitting man in a wheelchair* zu sein. Zuschauer und gleichzeitig Mitspieler in einer großen Komödie. Applaus von anderen brauche ich dann gar nicht. Es reicht völlig, wenn ich mich selbst beklatsche.

In meinem Schlafzimmer hängt seit den ersten Rollstuhltagen eine Fotografie. Sie zeigt einen tapsigen lahmen Mann Anfang dreißig, der, auf einen schwarzen Gehstock gestützt, eine New Yorker Avenue überquert. Direkt neben einer älteren Dame mit wallendem blondem Haar. Ihre roten Sandalen sind perfekt abgestimmt auf das Geschirr des kleinen Hundes, der zwischen beiden läuft. Zielstrebig überqueren sie alle die breite Straße, ohne voneinander Notiz zu nehmen. Vielleicht werden sie auch von hupenden Taxis angetrieben, das lässt sich auf der Fotografie nicht erkennen. Der Mann mit dem Gehstock ist zum *Wild Green Café* auf der anderen Straßenseite unterwegs, von wo er sich selbst E-Mails über seine New Yorker Abenteuer schreiben wird. Die dann ein Jahr später als Buch erscheinen werden. Man könnte meinen, er verbrächte mehr Zeit mit dem Schreiben von E-Mails als in der Stadt.

In einer dieser Mails habe ich eine viel zu lange Wanderung beschrieben, fast einen Kilometer lang, ohne mich irgendwo setzen zu können. Am Ende steht der Satz: *Hoffentlich erinnere ich mich daran.* – Gemeint war: Wenn ich einmal gar nicht mehr laufen kann. Ja, auch mehr als zehn Jahre später erinnere ich mich. Allerdings nicht, wie damals gedacht, um davon zu zehren, sondern eher voller Nachsicht mit dem alten Ich, das sich das Leben ohne Gehen einfach noch nicht vorstellen konnte.

Heute könnte ich die wunderbare Leichtigkeit besser genießen, wenn man sich nach langem Ringen dazu entscheidet, etwas Liebgewonnenes wegzuwerfen: Krücken oder Gehstöcke einzutauschen für etwas Neues, wie einen Rollstuhl. Da gibt es noch einen letzten, allerletzten Moment des Zögerns, schon über der Abfalltonne. Dann lässt man los und schlägt den Deckel zu. Und grinst. Etwas Gewohntes aufzugeben, das hat mich die Behinderung in den vergangenen Jahren mit vielen Lektionen gelehrt: das Schwimmen, das Bergsteigen, die Spaziergänge, das Laufen, all das habe ich aufgeben müssen. Das Leben ist ein langes Abschiednehmen, Leichtwerden, Davonfliegen. Auch wenn man es nicht kann.

Viel zu viele Jahre hat es gebraucht, bis ich mich die zentralen Fragen zu stellen traute: Was hat diese Behinderung mit mir gemacht in meinem Verhältnis zum eigenen Körper? Zur eigenen Nacktheit. Wo höre ich auf, wo fängt der Rollstuhl an? Und: Was gibt sie mir, und was hat sie mir genommen?

Alles hat sich verändert, selbst meine Beziehung zur Natur, zu Tieren. Sie hat mich der Natur entfremdet. Ganz banal deswegen, weil der Zugang erschwert bis unmöglich ist. Ich kann die Wege aus eigener Kraft nicht verlassen, mich nicht mehr im Wald verirren. Nicht mehr auf einem Berg in ein Gewitter geraten. (Verirren kann ich mich allerdings auch so.)

Ich habe etwas entdeckt, was ich schon zu kennen glaubte: die Kunst. Also erobere ich sie mir zum zweiten Mal im Leben, das erste Mal in der Pubertät als Akt der Rebellion gegenüber Familie und allen anderen. Nun als aufgeklärter Behinderter.

Auch wenn ich noch viel zu viel auf meine neue Lebenswelt beziehe, noch viel zu oft als Behinderter ein Foto betrachte, einen Film schaue. Die Kunst sollte über mich hinausweisen, aber viel zu oft mache ich sie kleiner, passe sie meinen Maßstäben an.

Ich bin Beobachter in eigener Sache, und verdiene sogar mein Geld (nicht viel) als Kulturförderer. Vor allem aber bin ich Autor und Komödiant. Und entsprechend schwer zum Lachen zu bringen. Und, wie eine Freundin feststellte, nachdem die neueste, diesmal ebenerdige Wohnung eingerichtet war und der Stich der Bernhardt gerade an der Wand hing: ein Bildungsbürger – wie er im Buche steht. Und einer, der einer schwarzen Probebühne mit einer Kulisse der Verbotenen Stadt vor der echten immer den Vorzug geben würde.

»Beschreib sie mir!«, antwortete ein Komödienschreiber einst seinem Freund, der ihn auf die schönste Frau der Welt hinwies.

Inzwischen stehe ich selbst auf der Bühne, wie die Bernhardt mit ihrem Holzbein. Und zwar nicht mehr beobachtend in den Kulissen, sondern mitten im Scheinwerferlicht.

Manchmal ist es gar nicht so leicht auszuhalten, immer etwas Besonderes zu sein. Jemand, der eine Extrawurst braucht. Man fällt auf, sticht heraus. Dabei würde man gerne manchmal in der Masse verschwinden.

Wie gelingt es einem also, das auszuhalten? Ich werde angeschaut – und schaue mindestens ebenso neugierig zurück.

#Lieblingsfeinde

An faulen Tagen, an denen ich, freundlich formuliert, nicht so gut gelaunt bin, entwickle ich, wie wohl viele andere mit oder ohne Behinderung, Allmachtsfantasien. Was würde ich nicht alles tun, wenn ich alles bestimmen könnte!

Ich überspringe mal das, was ich Berufsjammerern mit oder ohne Behinderung antun würde, und komme gleich zu meinem aktuellen Lieblingsgegner. In einem Tierfilm müsste es heißen: Der geborene Feind eines Rollstuhlfahrers ist der Denkmalschutz. Per Dekret würde ich also am ersten Arbeitstag als Diktator sämtliche oberen und unteren und mittleren Denkmalschutzbehörden auflösen und die dort beschäftigten Sachbearbeiter zwingen, bei sengender Hitze jeden Stein des von ihnen verteidigten Kopfsteinpflasters einzeln mit einem winzigen Hämmerchen herauszuklopfen. Planer und Architekten, die das heute noch verlegen, müssten dabei schwarze Hemden tragen.

Doch ein fast noch größeres Ärgernis sind die Verbote, an denkmalgeschützten Gebäuden Rampen anzubringen. Ich verstehe ja und finde es richtig, dass Ästheten darauf achten, dass so eine Rampe nicht wie hingetackert aussieht, sondern sich möglichst »ins Ensemble einfügt« – so reden die wirklich.

Ich frage mich, ob meine Lieblingsfeinde jemals mit gleichem Elan für den Erhalt einer denkmalwürdigen Rampe gekämpft haben. Die Antwort wird wohl »nein« lauten, allein schon deshalb, weil es keine denkmalwürdigen Rampen gibt. Außer den Auffahrten vor Schlössern. Aber für Kutschen oder Autos stand Barrierefreiheit ja auch nie zur Debatte.

Nein, so kann es nicht weitergehen. Ich muss den Feind kennenlernen. Aber der Feind ist schlau. Meine schleimigen Mails an das bayerische Denkmalamt mit der Bitte um ein Treffen, werden zwar zeitnah, aber in der Sache ausweichend beantwortet. Entweder sind sie dort sehr versiert in verdeckter Kriegsführung, oder aber so verängstigt, dass sie die offene Auseinandersetzung scheuen.

Sind Städteplaner und Architekten also meine Feinde? Das kann es doch nicht sein. Die Schwierigkeit, die echten Feinde auszumachen, liegt darin begründet, dass sich niemand dazu bekennen will. Es hat niemand etwas gegen Behinderte, sie sind nur manchen völlig gleichgültig. Selbst die am rechten Rand verschwurbeln ihre Herablassung so, dass man sie erst bei sehr genauem Hinsehen erkennt. Ausgrenzen ist alles, was sie können, für echte Ablehnung fehlt ihnen der Mumm.

#Träume

Von manchen Träumen habe ich mich inzwischen verabschiedet. Ohne deswegen zu grollen. Das brauchte seine Zeit. Der Prozess, die aufgezwungenen neuen Grenzen zu akzeptieren, verläuft keineswegs schmerzfrei und mit regelmäßigen Rückfällen. Für manches findet sich auch so eine Lösung, und manche Wünsche verschwinden von allein. Ich hätte gern noch einmal zu Fuß die Alpen überquert. Ich wäre gern einmal mit einem VW-Bus durch Europa gezuckelt. Ich wäre gern mal mit einem Containerschiff mitgefahren. Das alles wird aus eigener Kraft nie mehr geschehen. – Sofort höre ich die Stimmen von Freunden, die das nicht akzeptieren. Sie würden erwidern: »So etwas kannst du nicht sagen, es gibt immer einen Weg: die Stammzellenforschung, all die neuen Hilfsmittel, von denen wir noch nicht einmal träumen können...« Oder sie zeigen mir eine Website für motorunterstützte Handbiketouren in den Alpen. – Aber all das ist nicht das, was ich meine.

Es ist eben nicht alles möglich, sonst hätte ich keine Behinderung. Also lasse ich sie reden. Ich werde nicht mehr laufen, nicht mehr schwimmen. Und ich bitte meine Freunde, diese fixen Ideen für mich aufzugeben. Sie können ja gerne weiter an all das glauben, nur eben für sich, bitte. Im Gegenzug werde auch ich ihre Träume nicht auf deren Belastbarkeit testen. Das wäre kleinkariert.

Und einen Traum aufzugeben heißt ja zum Glück nicht, sich selbst aufzugeben, sondern in diesem Fall eben nur, dass ich in meinem Leben nicht mehr zu Fuß die Alpen überqueren werde. Auch wenn diese Erkenntnis wehtut.

#Wunder

Ja, es geschehen einem auch im Rollstuhl Wunder. Behinderungen ziehen diese fast magisch an. Denn die Wahrscheinlichkeit dafür steigt, wenn man auf eines angewiesen ist. Eigentlich geschehen sie am laufenden Band, und nicht nur dort, wo sich die Jungfrau Maria hat sehen lassen.

Drei Beispiele zum Beleg: Auch drei Jahre später kann ich mir nicht erklären, wie ich im Rollstuhl nach hinten umfallen konnte. Ein Wunder! Plötzlich lag ich jedenfalls auf dem Boden. Naturwissenschaftlich lässt sich das nicht erklären. Denn niemand kann ohne Anlauf einfach so umkippen. Auch kein betrunkener Behinderter. Das zweite Wunder bestand dann darin, dass ich diesen Sturz unbeschadet überlebte. Und dass ich es – ich weiß wirklich nicht, wie – in den Rollstuhl zurückschaffte.

Für alle, die sich Wunder nüchterner wünschen, hier ein drittes: Santa Lucia, der Bahnhof in Venedig. Als Rollstuhlfahrer kommt man hier zwar vergleichsweise einfach hin – aber nicht mehr ohne Weiteres in den Rest der Stadt. Eigentlich ist der Plan schon zweimal aufgegangen. Mit dem Nachtzug aus München am Morgen anzukommen, sich kurz auf dem Bahnhofsvorplatz von den verschiedenen Vaporetto-Linien durcheinanderbringen zu lassen, um dann erst mal einen Espresso zu trinken. Schließlich hat man ja Urlaub. Doch dieses Mal ist alles anders. Denn die Kapitäne streiken. Und das bei vierzig Grad im Schatten.

Ohne ein Wunder komme ich so nicht zum Lido. Kurz stelle ich mir die Frage, warum ich dauernd in ausgerechnet für Rollstuhlfahrer denkbar ungeeignete Städte fahre. Wie eben Venedig, Istanbul oder Jerusalem.

Nach einigem Hin und Her steht der Entschluss fest: Wassertaxi. Nur müsste ich mir erst mal eines gegen Horden hysterischer Touristen erkämpfen. Und dann eines finden, das mit Rollstuhl benutzbar ist. Auf einigen Booten prangt nämlich tatsächlich an der Seite ein leuchtend blaues Rollstuhlzeichen. Schon das grenzt an ein Wunder.

Die ersten fünf winken ab. Touristen ohne Rollstuhl sind eindeutig die erwünschteren Kunden. Es scheint aussichtlos, bis meine Reisebegleitung sich resolut mitten auf den Steg stellt und so einer Gruppe Amerikanerinnen den Weg abschneidet. Im Schatten des Kassenhäuschens stehend, beobachte ich die Schlacht. Sieg!

Plötzlich fährt eine Hubbühne von dem Schiff zum Rand des Steges. Nun muss ich nur noch ein Ave Maria beten, um über die klaffende Spalte auf das heftig schwankende Boot zu kommen. Mit Gottes Hilfe und der des Kapitäns gelingt sogar das.

Wenig später brettern wir über den Canale Grande. Wem das alles nicht Wunder genug ist, dem ist nicht zu helfen. Trotz und wegen all der Staus und Behinderungen des Lebens.

2 // Außenansichten

#Vollbehindert

Auf der Straße vor meiner Wohnung streiten sich lautstark zwei picklige Teenager.

»Du siehst voll behindert aus«, schreit der eine. »Hey, du Spast«, erwidert die andere und schlägt dem ersten die Baseballcap vom Kopf.

Das Sprechen über Behinderungen kennt kein Maß. Entweder, es hat etwas rustikal *Ent*krampftes wie in diesem Fall, oder etwas süßlich *Ver*krampftes. Meist sogar beides.

Und sobald jemand mit Behinderung dabei ist, ziehen die anderen mehrere Samthandschuhe übereinander an. Nur die Hartgesottenen und andere Behinderte packen ohne Schutz zu. Dabei fehlen meist die Zwischentöne, die Schattierungen.

Der Blick auf Behinderte pendelt unentschlossen zwischen zu laut oder zu leise. Die Selbstwahrnehmung und die Außenansichten widersprechen sich fast immer.

Vielleicht deswegen quatschen alle, mich eingeschlossen, ohne Punkt und Komma vor sich hin. Zuhören ist weniger angesagt. Die Nichtbehinderten erzählen gerne von der pflegebedürftigen Oma oder dem Schlafanfall eines Kollegen oder dem eigenen Zivildienst in grauer Vorzeit. Die eigenen Erfahrungen überlagern alles. Wie oft sagte man mir nach einem Vortrag: Ich fand es so gut, als Sie sagten… Und dann folgte genau das Gegenteil von dem, was ich tatsächlich gesagt hatte.

Der Druck aus den Stockungen in der Unterhaltung entlädt sich oft an unerwarteter Stelle. Behinderung geht tief, und die Gefühle von Missachtung, von mangelnder Aufmerksamkeit hinterlassen ihre Spuren, selbst wenn man sie nicht wahrhaben möchte. Ein Buch darüber zu lesen oder zu schreiben, scheint deshalb das Angebrachteste zu sein. Immerhin drosselt das die Geschwindigkeit so, dass man zuhören und gleichzeitig auf die Stimme in einem selbst achtgeben kann.

Trotz der vielen Worte wird nur ein Bruchteil dessen ausgesprochen, was eigentlich darüber zu sagen wäre. Die berufsmäßig damit Befassten, die Werkstattbetreiber, die Sozialpolitiker, all die Inklusionsschranken reden darüber politisch dreifach korrekt gefiltert. Die Aktivisten tun das Gleiche, weil sie sich andernfalls rasch in Widersprüche verwickeln würden. Und die große Mehrheit hält vorsichtshalber die Klappe, um auch ja nichts falsch zu machen.

Was dazu führt, dass über das Thema selbst kaum Dialoge, sondern nur reihum Monologe gehalten werden. Diese enthalten dann sehr oft Satzfragmente wie »die Gesellschaft muss«, ohne dass jemand genau sagen könnte, wer diese »Gesellschaft« eigentlich ist. Fest steht nur, dass damit jeweils alle anderen gemeint sind.

Oft heißt es dann: »Behindert ist man nicht, sondern wird man.« – Das ist Quatsch. Denn beides hängt untrennbar miteinander zusammen.

Eine Hose im Sitzen anziehen zu müssen, ist eine Behinderung. Egal, wie inkludiert ich bin. Stehe ich jedoch vor einem nicht funktionierenden Lift, werde ich tatsächlich behindert. (Vielleicht nicht gleich von der ganzen Gesellschaft, aber von der Bahn definitiv.)

Behinderung lässt sich nur in der Theorie auf soziale Missstände herunterdekonstruieren. Im täglichen Leben ist und bleibt die Hose eine Zumutung, da kann die Gesellschaft nichts dafür.

Das Sprechen über Behinderungen steckt voller Ungenauigkeiten. Diese kaschieren oft notdürftig die Unaufrichtigkeit. Keiner traut sich, das Maul aufzureißen, weil Streit, lebhafte Diskussionen und jedweder Missklang tabu sind. Alles wird mit einer süßlichen Soße übergossen, als bliebe einem sonst ein einziges falsches Wort im Halse stecken.

Deswegen will ich genau das: relativieren, zurechtrücken, durchschütteln… Und ich möchte die Nichtbehinderten nicht an der Hand nehmen wie im Kindergarten, sondern sie im besten Fall wachrütteln. Und die Binnen- sowie Außenansichten, besonders die medial bis zur Ermüdung wiederholten, zumindest nebeneinanderstellen. Dann kann sich jede und jeder überlegen, womit man besser fährt.

#Komplimentspastiken

Hat sich im Karneval eigentlich schon mal jemand als Rollstuhlfahrer verkleidet? Das traut sich wohl niemand. Mal abgesehen davon, dass kaum jemand an die nötige Ausstattung käme. Ein falscher Rollstuhlfahrer wäre wohl politisch genauso inkorrekt wie ein verkleideter, mit Schuhcreme geschminkter »Schwarzer«. Echte Behinderte fänden das wahrscheinlich anmaßend. Mich eingeschlossen. Vielleicht ist es auch einfach zu unspektakulär? (Es gibt so etwas natürlich, aber eher im sexuellen Bereich. Diese sogenannten »Pretenders« – also vorgebliche Rollstuhlfahrer – fristen ihr verdrucktes Behindertenleben notgedrungen überwiegend im Verborgenen, argwöhnisch beäugt von den echten. Aber das ist eine andere Geschichte.)

Fasching in München. Wie allseits bekannt, ist das keine wirklich befreite, ausgelassene Zeit. Eher ein wenig verkrampft lustig. Da passt mein Kostüm. Um mir selbst meine Unabhängigkeit zu beweisen, trage ich zum zweiten Mal im Leben Rock und Perücke. (Auch ich also ein Pretender.) Das erste Mal als Student, damals war auch gerade Karneval. Und ich wurde als »Trümmertunte« verlacht, in dem eidottergelben Hochzeitskleid meiner Mutter.

Dieses Mal trage ich Rot: ein Minikleid billigster Machart, Netzstrumpfhosen mit handtellergroßen Löchern, viel unkoordinierte Schminke, und zum Rasieren war ich zu faul. Da es kalt ist, habe ich unter den Sockenknäueln, die meinen Busen darstellen sollen, ein Skiunterhemd an.

Da der Fasching in meinem gediegenen Wohnviertel Haidhausen gar nicht erst stattfindet, muss ich wohl oder übel zum Gärtnerplatz, zu meinesgleichen. Diese Ecke der Stadt ist nur mit der Straßenbahn zu erreichen. Die paar hundert Meter zur Haltestelle stellen die größte Selbstüberwindung dar, der ich mich bislang ausgesetzt habe. Vorbei an meinem Stammcafé, dessen Gäste mich ungläubig grüßen. Und dann noch dem Straßenbahnfahrer zunicken, damit er die Rampe herunterlässt. Immerhin funktioniert sie.

In der ersten Reihe sitzen zwei unkostümierte ältere Damen, offensichtlich nicht in Faschingslaune, sondern in ihre Krankengeschichten vertieft. Sie mustern mich skeptisch. Nach zwei Stationen lächeln wir alle drei, recht bemüht. Ihr Gespräch ist versandet. Ich spüre, dass sie sich nach anfänglicher Skepsis entschieden haben, mich zwar für verrückt, aber auch irgendwie sympathisch zu halten. Vielleicht haben meine schwarzen Halbschuhe den Ausschlag gegeben, die ich in Ermangelung passenden Schuhwerks angezogen habe. Beim Überqueren der Isar grinsen wir uns schweigend an.

Komplimente an Behinderte macht man aus Pietät keine,

sondern möchte höchstens mit Grabesstimme darüber reden. Und erst recht macht man keine an rollende Trümmertunten. (Damals in der U-Bahn im Hochzeitskleid meiner Mutter habe ich sogar spontanen Auftrittsapplaus des gesamten Waggons bekommen!) Doch bei einem Behinderten scheint es schwerer zu sein. Nur die Mitleidsbekundungen gibt es frei Haus.

Ein paar Stationen später steige ich aus. Da ruft mir eine der Damen hinterher: »Sie haben aber schöne Beine.«

Wäre es doch nur immer so unverkrampft! Von diesem Kompliment zehre ich bis heute.

#Erwachsenenblicke

Sobald man über Behinderung spricht, sagt das Gegenüber irgendwann unweigerlich: »Ach, das kennen wir doch alle. Irgendwie ist doch jeder ein bisschen behindert. Du mit Rollstuhl, und ich eben anders.« Und dann nicken wir unisono, und mein Gegenüber kramt in seinem Gedächtnis nach Erlebnissen, um das zu belegen. Heraus kommen meistens die Erfahrungen mit Krücken nach einem Skiurlaub oder die Kinderwagenschiebereien frischgebackener Eltern.

Es sind immer die plakativen Einschränkungen, nicht die eigentlich viel prägenderen, die traumatisierenden: Nichts erfährt man über Trennungen, Trauer, Scham, Einsamkeit. Diese Staus und Behinderungen jedes Lebens werden unter einer anderen Rubrik abgespeichert. Und kaum jemand bringt sie mit einem Rollstuhl in Verbindung.

Um die anderen nicht ins Stottern zu bringen, antworte ich manchmal auf das Warum kurz angebunden mit: »Unfall.« – Das Gegenüber sagt dann meistens nur »Oh«.

Wenn ich die Antwort komplett verweigere, ist mein Gegenüber beleidigt. Als hätte man ein Recht auf eine zufriedenstellende Auskunft. Gebe ich dem nach, provoziere ich damit ausführliche Krankheitsgeschichten von entfernten Verwandten, Kollegen oder Nachbarn. Gleichaltrige Männer berichten oft, wie sie als Zivis ein paar besonders harte Knochen im Rollstuhl betreut hätten. Und sie tun es mit der gleichen routinierten Abgeklärtheit, wie eine Generation zuvor über die Grundausbildung und wieder eine davor über die Trümmerjahre gesprochen wurde ...

Aber selbst diese Situationen werden seltener. Wahrscheinlich verliert die Frage nach dem Warum an Dringlichkeit, je älter der Mensch im Rollstuhl wird. Bei Greisen erkundigt sich dann nur noch das Pflegepersonal.

#disabilitymainstreaming

Die grauhaarige Teilnehmerin auf einer Tagung versucht, mir das Label »disability mainstreaming« schmackhaft zu machen. Ich habe keine Ahnung, was sie damit meint. Irritiert von so viel Unkenntnis schüttelt sie den Kopf. Gerade ich müsste das doch wissen. Das sei doch der neueste *hot shit* in der Inklusionsszene. Sie drückte es zwar etwas akademischer aus, aber darauf läuft es hinaus. Die ehemalige Politikerin tingelt nun durch die Lande, um Aktionspläne zu evaluieren. Damit die nächsten Aktionspläne dann noch effektiver ausfallen. Solange sie damit ihre Miete verdient, gönne ich es ihr. Mein Sarkasmus sei an dieser Stelle absolut fehl am Platz, findet sie. Ich nicke übertrieben verständnisvoll.

Aber zurück zum Thema. Auch sie sei mit dem englischen Fremdwort nicht wirklich glücklich, gesteht sie, da eine Fremdsprache ja immer »exkludiere«. Und damit nicht nur die Menschen mit geistiger Behinderung. Wir sehen uns abschätzend an. Meint sie nun mich?

Für einen etwas weniger postmodernen Begriff im Deutschen habe eine Kollegin sogar eine Kiste Wein ausgelobt, die seitdem vor sich hin staube: »mainstreaming« ließe sich einfach nicht übersetzen.

Wenn ich sie richtig verstehe, geht es darum, Belange von Behinderten schon bei der Planung mitzudenken und nicht erst dann, wenn der zu enge Lift bereits gebaut ist. Ein etwas großspuriger Appell an den gesunden Menschenverstand also sei dieses *disability mainstreaming*, frage ich. Etwas sträubt sich in mir gegen diesen Versuch, Selbstverständlichem einen hipperen Namen zu geben. Früher habe man einfach von »Hirn ausschalten« gesprochen. Aber das sei sicherlich in der Szene nicht mehr korrekt. Nicht, dass sich die geistig Behinderten nicht mehr mitgemeint fühlen.

»Herr Dorner«, sagt die ehemalige Politikerin, »dieses Niveau haben Sie wirklich nicht nötig.«

Ich nicke ertappt. Ihr ist eine intellektuell verbrämte Wichtigtuerei nicht abzusprechen.

Die Tagungen, Symposien und Podiumsdiskussionen über Behinderung bestehen fast ausschließlich aus solch hübsch frisierten Selbstverständlichkeiten und dem üblichen Gejammer über die Gesellschaft. Und je salbungsvoller der Tonfall, desto unaufrichtiger wirkt das dann. Sei's drum. Beunruhigend ist eher, dass man sich solche Selbstverständlichkeiten so lange vorsagt, bis man am Ende wirklich daran glaubt.

Auf dieses Mainstreaming kann ich verzichten. Dennoch evaluiere ich fleißig mit. Dass ich bei der Tagung über Inklusion der einzige Behinderte bin, fällt wohl nur mir auf.

Nach Abschluss der Tagung entschuldige ich mich bei der ehemaligen Politikerin für meine kleinen Boshaftigkeiten.

Immerhin hat sie jede einzelne registriert. Beim Rausgehen sagt sie zu mir:

»Sie haben sich vorher darüber mokiert, hier der einzige Mensch mit Behinderung zu sein. Aber dass Ihnen das ganz recht ist, konnten Sie nicht verbergen.«

#RichardIII

Je rauer das gesellschaftliche Klima wird, desto mehr verschwinden Menschen mit Behinderung aus dem Bewusstsein. Selbst bei der Aufzählung der Notleidenden tauchen sie inzwischen nicht mehr auf. Feste Stammplätze haben weiterhin die alleinerziehende Mutter, die unterbezahlte Pflegekraft, die neuen und die alten Migranten… Menschen mit Behinderung werden nur dann wahrgenommen, wenn es ausschließlich um sie geht. Mit Behinderung bringt man Betroffene ersten und zweiten Grades auf die Straße, aber nicht den Rest.

Kommen Behinderte doch einmal in der Berichterstattung vor, dann meist anlässlich irgendwelcher abstrusen »Projekte«. So etwas, wie die Einweihung einer Rodelbahn für Bein- oder eine neue Quizsendung für Kopfamputierte. Über so etwas wird dann vornehmlich in der Vorweihnachtszeit berichtet. Der Nachrichtenwert des Ganzen ist überschaubar und vor allem der Gegenstand sehr, sehr weit weg.

Meist wird die Redaktionsvolontärin losgeschickt. Sie fühlt sich hoffnungslos überfordert und lässt keine Gelegenheit aus, dies zu thematisieren.

»Ich weiß jetzt auch nicht«, sagt sie und hat Angst, schon wieder etwas falsch gemacht zu haben. Dabei bewegt sie sich so gehemmt, als müsste sie bei einem Menschenfresserstamm einen Koch interviewen. Jede Frage beginnt sie mit der Feststellung, dass sie sich überhaupt nicht vorstellen könne, wie das wäre, mit so einer Behinderung… Dann blickt sie mit aufgerissenen Augen hilfesuchend um sich.

Soll ich ihr antworten, dass für mich die Vorstellung, eine überforderte Volontärin zu sein, ebenfalls nicht ganz einfach ist? Doch nach kurzem Nachdenken spiele ich das Spiel mit und sage verständnisvoll nickend nur: »Wir Behinderten sind eben anders. Das kann man sich einfach nicht vorstellen…«

Zurück in der Redaktion wird sie sicher erzählen, dass es gar nicht so schlimm war mit dem querulantischen Rollstuhlfahrer, der wäre eigentlich ganz normal gewesen und ein Netter, so gar nicht verbiestert. – Wenn das Mädel wüsste…

Der Anfang 2018 verstorbene Physiker Stephen Hawking, für viele der Inbegriff des behinderten Genies, soll einmal sein Interesse an der Rolle des Bösewichts im nächsten James-Bond-Film bekundet haben. Dies leuchtete mir sofort ein. Und die Geschichte ist zu schön, als dass ich sie überprüfen möchte.

Ich träume ebenfalls oft von der Rolle des Oberschurken. Die Verlockung von Macht reizt. Denn einen Behinderten mit dem Finger auf dem Atomknopf respektiert man garantiert mehr.

Die meisten Gegenspieler von James Bond haben nicht nur eine sadistische Lust an der Zerstörung, sondern meist auch eine körperliche Behinderung, sei es eine Prothese, ein Rollstuhl oder zumindest ein verräterisches Zucken um das blutunterlaufene Auge.

Sie alle haben einen Stammvater. Ohne jeden Anflug von politisch korrekten Skrupeln hat William Shakespeare in seinem Drama über Richard III. Behinderung und Dämonisches miteinander verbunden. Richards körperliche Missbildung (reduziert auf einen Buckel) und die damit verbundene gesellschaftliche Ächtung reichen als Motivation aus.

Drum bin ich gewillt, ein Bösewicht zu werden,
und Feind den eitlen Freuden dieser Tage.

Was machen Regisseure heute, wo die simple Kausalität zwischen Boshaftigkeit und Behinderung verpönt ist? Sie dürfen die Stellen nicht komplett streichen, sonst wirft ihnen jemand vor, das Thema Behinderung totzuschweigen. Blasen sie es jedoch auf, wird ihnen vorgeworfen, etwas gegen die Emanzipation von Menschen mit Behinderung zu haben. Man kann es nur falsch machen. In der aktuellen Inszenierung am Münchner Residenztheater spielt Richard seine Behinderung deshalb nur, und vor allem dann, wenn er damit jemanden manipulieren möchte.

Auch nach Tagen werde ich mein Unbehagen nicht los. Behinderung lässt sich nicht nach Gebrauch abstreifen und nur eingeschränkt instrumentalisieren.

#HeidisKlara

Wenige Tage später sehe ich mir unfreiwillig das Musical »Der Glöckner von Notre Dame« an. Eine Journalistin hatte die Idee, mich mit dem Darsteller gemeinsam zum Thema »Behinderung auf der Bühne« zu befragen. Doch das Ergebnis des Gesprächs ist ernüchternd. Denn der Tenor lässt sich auch im Kreuzverhör nicht aus dem politisch korrekten Gehege herauslocken.

In dem Disney-Musical spielt er einen Behinderten wie aus dem Lehrbuch: Opfer durch und durch, unselbständig, aber grundgut. Quasimodo trägt tapfer seinen Buckel, hinkt und lispelt nach Kräften und betreibt wegen seiner Schwerhörigkeit in einem Liebesduett mit Esmeralda sogar zaghafte Versuche in Gebärdensprache. Sobald die Partitur ihn jedoch in schwindelerregende Höhen treibt, lässt der Tenor alle künstlichen Spastiken fahren. Eine Behinderung nur zu spielen, scheint ganz schön anstrengend zu sein. Nichtbehinderte übertreiben es meistens mit dem Hinken und Schlurfen, so wie ein Sopran in einer Hosenrolle. Die stapfen auch immer zu breitbeinig daher, wenn sie einen Mann spielen sollen.

Am Schluss nimmt der Tenor allen Ernstes seinen Buckel ab, um zu zeigen, dass alles nur Theater war. Selbst die Behinderung. Schon wieder.

Neben dem erlösungsbedürftigen Monstrum gibt es eigentlich nur noch die Rolle des mit seiner Behinderung Hadernden. Meist in irgendwelchen Schmonzetten, die am Sonntagabend auf dem Gefühlsduselplatz im ZDF laufen. Meist wagt man nicht einmal, diese mit einem echten Behinderten zu besetzen, damit auch dieser rechtzeitig vor Ablauf der neunzig Minuten wieder herumspringen kann, wie Klara auf Heidis Almwiese.

Behinderung im Fernsehen und auf der Bühne ist also oft überwindbar. Und verlässt das intellektuelle Niveau einer Zeichentrickserie nur selten. Welchen Anteil haben eigentlich wir Behinderte daran, frage ich mich. Sagen wir laut genug: Schluss jetzt, Kinder!?

Die Dramaturgie folgt dem immer gleichen Muster. Die Behinderung entsteht als Folge eines Unfalls und stürzt die frisch Behinderten in eine tiefe Lebenskrise, aus der sie nur die Liebe zu einer fürsorglichen Frau oder die ziemlich beste Freundschaft mit einem anderen Außenseiter wieder befreien kann. Letztens war einer dieser Charaktere so verzweifelt, dass er sich todesmutig eine Straße im Rollstuhl hinunterfahren ließ. (Der verhinderte Selbstmord gehört einfach mit dazu.) Hätte nicht der Schnitt Wunder geleistet, wäre die Fahrt allerdings im echten Leben angesichts der Schlaglöcher nach fünf Metern beendet gewesen. Im Film aber rannte die geliebte Frau hinterher und konnte durch beherztes Eingreifen den Unfall im letzten Augenblick verhindern.

Gerade das Fernsehen kommt mit der Uneindeutigkeit von Behinderung nicht klar. Sie entzieht sich einem Drei-Minuten-Beitrag. Fernsehleute aber wollen klare Auflösungen: entweder Tod oder Heilung. Es scheint einfach zu kompliziert, wenn der Betroffene sich nicht festlegen will (oder kann), ob er nun Held oder Opfer oder gar beides oder nichts von beidem ist, oder gar alles gleichzeitig. Wie soll man das einem ahnungslosen Publikum näherbringen? All die Widersprüche und Grautöne passen in kein Format, das mit kräftigen Farben und überdimensionierten Gesten daherkommt.

#Sportsfreunde

Das Einzige, was in den Medien ohne die sonst üblichen Verrenkungen funktioniert, sind die Paralympics. Der Behindertensport in seiner Breite taucht genauso wenig auf wie der Breitensport ohne Behinderung. Die Paralympics sind die Freak Shows unserer Tage.

Was auch hier gefeiert wird, ist die Überwindung der Behinderung: schneller, weiter, höher als die Couch-Potatoes vor den Bildschirmen. Zumindest für ein paar Jahre, solange der athletische Körper mitspielt. Und nach dem Rückzug des Sportlers schaut niemand mehr hin. Die Paralympioniken überwinden ihre Behinderung und die Trägheit der Zuschauer gleich mit.

Aber ehrlich gesagt ist für mich jemand nicht behindert, der mit einem Bein schneller läuft als über 99 Prozent der Menschheit mit zweien. Laut sage ich das natürlich nur zu Freunden, aber selbst die nicken nicht einmal, so sehr schreckt sie die Vorstellung, mit einem Körperteil weniger leben zu müssen.

Die Sportler mit Behinderung sind genauso Stars für einen Sommer wie ihre nichtbehinderten Kollegen. Fremd und unerreichbar werden sie den Normalo-Nichtbehinderten immer bleiben, aber egal.

Erleichternd für das Publikum wirkt auch, dass man bei paralympischen Wettkämpfen nur einen sehr begrenzten Ausschnitt der Behinderung erleben muss, in einem abgezirkelten Bereich, wie einem Spielfeld oder einer Arena. Jede Beinprothese wirkt da wie ein Sportgerät.

Die Sportler selbst haben den Wettkampfgedanken so in sich aufgesogen, dass sie manchmal selbst keinen Begriff mehr von ihrer Behinderung haben.

Einen Profi-Rollstuhlbasketballer habe ich einmal gefragt, wann für ihn seine Behinderung spürbar würde. Beim Umziehen, unter der Dusche, beim Einstieg in den Mannschaftsbus? Alles hätte ich ihm abgenommen, nur nicht sein Schweigen. Denn ich spüre meine Behinderung dauernd als Behinderung. Der Basketballer jedoch sah mich nur an, wie einen von einem anderen Stern, und schüttelte verständnislos den Kopf.

»Nein, ich sehe die Behinderung eher als Herausforderung«, sagte er schließlich. In seinem Selbstverständnis sei er kein Behinderter, sondern ein Basketballer. Auf diese steile These konnte wiederum ich nichts erwidern.

Bis bei der Fahrt mit der Straßenbahn zurück nach Hause die Hebebühne kaputt war. »Siehste!«, hätte ich ihm da gerne nachgerufen.

#Ahnengalerie

Der erste Film, der eine Emanzipationsgeschichte von Behinderten mit allen schmerzhaften Nebenwirkungen erzählt, ist »Freaks« von Tod Browning aus dem Jahr 1932. Darin wird die Metamorphose einer ganzen Behindertencommunity von Opfern zu Tätern geschildert. Es ist das alte Lied von den Ausgeschlossenen, die daran entweder zerbrechen oder eben stärker werden. Dabei ist es egal, ob diese Outlaws nun zu dick sind, eine andere Hautfarbe haben – oder eben im Rollstuhl sitzen.

In »Freaks« rächen sich die Behinderten einer Jahrmarkt-Sideshow an den beiden einzig Nichtbehinderten der Truppe, indem sie diese zu den ihren machen. Die schöne Cleopatra und ihr Muskelmann werden verstümmelt beziehungsweise entmannt, weil sie auf relativ dümmliche Weise an das Erbe von einem der Behinderten kommen wollten. Den Testsehern war das zu viel. Angeblich gab es vor lauter Schreck sogar eine Sturzgeburt im Lichtspielhaus.

Das einhellige Entsetzen übte so viel Druck auf den Regisseur aus, dass er gut eine Stunde aus dem Film herausschnitt. Ganze Szenen, die bis heute verschollen sind. Wahrscheinlich waren es die besten.

Weder der Regisseur noch die meisten Darsteller konnten ihre Karriere nach diesem Eklat fortsetzen. Zu stark hatte der Film sein Publikum verunsichert. Nur eine Lebensgeschichte fand ein wirkliches Happy End. Die Darsteller von Hans und Frieda waren die Geschwister Daisy und Harry Eales. Nach einer langen Showkarriere gelangten die beiden zusammen mit zwei ebenso kleinwüchsigen Geschwistern zu einem ansehnlichen Vermögen. Ihnen hat die Behinderung immerhin zu Wohlstand verholfen.

Ich habe schon lange keine Hemmungen mehr, mit meiner Behinderung Geld zu verdienen. Genau wie die Paralympioniken oder die ehemalige Politikerin. Wahrscheinlich ist das echtes *disability mainstreaming*.

#Kinderaugen

Während Erwachsene mich klammheimlich mustern, tun sich Kinder keinen Zwang an. Sie starren offen und hemmungslos, während sich die Eltern über die unverfälschte Neugier ihrer Sprösslinge freuen. Mir ist es recht, dass Kinder die Erweiterung ihres Erfahrungsschatzes relativ hemdsärmelig angehen.

Denn mein Anblick löst bei ihnen ersichtlich harte Gedankenarbeit aus. Man kann an den Gesichtern ablesen, wie sie versuchen, alles zu sortieren: den Rollstuhl, den Mann darin, das Handbike, das wie ein Fahrrad aussieht, aber keines ist, sondern ein Vorbau, der mit den Händen betrieben wird… Das passt alles nicht so recht zusammen.

»Was hat der Mann da für ein komisches Fahrrad?«, fragen sie dann.

Früher hätten die Eltern die Kinder peinlich berührt weggezogen. Heute bemühen sie sich, alles politisch korrekt zu erklären. Der Mann hat einen Rollstuhl, weil er nicht laufen kann, sagen sie so laut, damit ich es auf jeden Fall höre.

»Warum kann er denn nicht laufen?«

Hilfesuchend sehen die Eltern mich an. Ich lasse sie zappeln, grinse höchstens das Kind an. Also versuchen sie sich an irgendeiner Erklärung, die aber doch nur in einer Wiederholung von »Er kann halt nicht laufen« endet.

Nach der zehnten derartigen Begegnung am Tag verliere ich allerdings die Kraft, die Eltern mit einem aufmunternden

Lächeln für ihre umsichtige und tolerante Erziehung zu loben. Sollen die Kinder sie ruhig weiter mit ihren Fragen quälen.

Als es mit dem Stehen wenigstens noch für eine Minute funktionierte, riss mein damals fünfjähriger Neffe einmal die Badezimmertür auf. Ich stand gerade vor der Toilette. Voller Empörung rief er: »Wer stehen kann, kann auch gehen!«

Inzwischen ist er neun. Und er ist der Einzige mit Interesse daran, mit meinem Rollstuhl herumzufahren. Oft fordert er mich auf, mich auf einen normalen Stuhl zu setzen, damit er ihn zur freien Verfügung hat.

Warum will das sonst niemand ausprobieren? Bei einigen wird es die Angst sein, sie könnten darin festgehext werden. Auch wenn sie das natürlich abstreiten würden. Bei den anderen schwingt Respekt mit: Sie trauen sich das schlicht nicht zu.

Dieses mangelnde Zutrauen beruht auf Gegenseitigkeit. Keinem meiner gehenden Freunde traue ich mit Rollstuhl die unfallfreie Überwindung der niedrigsten Bordsteinkante zu.

#RatloseNichtbehinderte

Behinderung macht viele hilflos. Das Hirn schaltet auf Standby. Die Leute sagen oft zu mir, dass sie im Zusammenhang mit Behinderung ja nichts falsch machen wollen. Als wären Behinderte aus Zucker, die sich beim ersten Wolkenbruch auflösen.

Ich nicke dann und lisple engelsgleich: »Man kann gar nichts falsch machen, nur keine Scheu.« – Doch das ist genauso verlogen wie die Aussage, es gäbe keine dummen Fragen. Natürlich gibt es die, und natürlich kann man eine Menge falsch machen. Wahrscheinlich ist es klüger, das den Leuten nicht direkt ins Gesicht zu sagen. Ich bin schließlich auf sie angewiesen.

Allein sprachlich lässt sich jede Menge Unfug anstellen. Sätze wie »Der arme junge Mann leidet unter –« oder »Er ist an den Rollstuhl gefesselt« oder »Tapfer meistert er sein schweres Schicksal« werden nach wie vor verwendet. Sie klingen wie aus der Zeit gefallen. Und fallen immer dann, wenn dem Schreiberling nichts anderes als eine Plattitüde einfällt. Diese Sätze sind tief im kollektiven Unterbewusstsein der Menschen vergraben, wie Samen des Unheils. Es braucht nur ein paar Tropfen, und sie fangen an zu sprießen.

Doch auch jenseits der Worte kann man eine Menge falsch machen. Beispielsweise kann man nicht mich, sondern den stehenden Begleiter anschauen und über mich hinweg sprechen. Oder besonders betroffen schauen und so weiter. Es gibt unendlich viele Varianten, die sich alle darauf zurückführen lassen, dass man als Behinderter nicht für voll genommen wird.

Nur selten wird man von Nichtbehinderten überrascht. In Paris bettelte mich einmal in einem Straßencafé – ausgerechnet dem *Café des Anges!* – eine gleichaltrige Frau an. Ein Blick in ihre unnatürlich geweiteten Pupillen zeigte den Grund. Ich schüttelte den Kopf und sagte überdeutlich: »Tut mir leid.«

Sie war schon zum nächsten Tisch gewankt, als sie sich abrupt umwandte und rief: »Du solltest dir selbst leid tun!«

3 // Familienangelegenheiten

#WerhatdenGrößeren?

Am Bahnsteig steht ein imposanter elektrischer Rollstuhl samt Befehlshaberin. Ich schaue auf die riesigen Reifen und den winzigen Abstand zur S-Bahn. Und ich staune, dass die Frau den Fahrer kommen lässt, um die in einer Trennwand versteckte Rampe für sie aufzubauen. Im ersten Augenblick denke ich: Das geht doch auch ohne. Erst dann bemerke ich ihr Lächeln. Ihr gefällt es, dass der junge Mann in Uniform den Weg frei macht. Recht hat sie. Aufmerksamkeiten sollte man mitnehmen.

Mittags beobachte ich eine andere Szene bei meinem Stammitaliener. Am Eingang eine nicht gerade flache Stufe. Wie immer warte ich winkend vor der Tür, bis mich der Eigentümer oder ein Gast sieht. Dieses Mal ist bereits ein anderer Rollstuhlfahrer da. Ein junger, durchtrainierter Typ. Ich bin sofort neidisch auf seinen filigranen Rollstuhl mit den Edelspeichen. Beim Verlassen des Lokals hält seine Begleiterin die Tür auf, und bevor ich einmal schlucken kann, ist er vorwärts die Stufe hinuntergesprungen. Die junge Frau folgt ihm, als wäre es das Selbstverständlichste der Welt.

Ist man überhaupt behindert, wenn man im Rollstuhl eine Stufe oder gar mehrere hinunterfahren kann? Und welches Gefühl überfällt mich beim YouTube-Video des Typen, der mit dem Wheelie in einer Halfpipe einen Salto nach dem anderen übt? Neid kann es nicht sein, denn ich würde das auch ohne Rollstuhl für verrückt halten.

Müsste ich mich den beiden Behinderten, der S-Bahn-Königin oder dem Salto-Freak zuordnen, wäre ich auf den ersten Blick natürlich lieber in der Gruppe der Athleten, die mit Rollstuhl den Mount Everest bezwingen, alleine versteht sich, und ohne Sauerstoffgerät. Aber wenn ich ehrlich bin, hat mir der kleine Flirt der Dicken mit dem S-Bahn-Fahrer besser gefallen.

Da fällt mir auf, dass ich kaum andere Rollstuhlfahrer wirklich kenne. Der Umgang ist mir oft zu kumpelhaft. Oder beide Seiten spielen einander vor, sich nicht einmal bemerkt zu haben. Nur, um zu zeigen, dass es keine Rolle spielt, ob ein entgegenkommender Passant rollt oder geht. Ich setze diesen frühzeitig abweisenden Blick auch gerne auf, das muss ich zugeben.

Heimlich aber mustere ich jedes Modell. Selten neidisch wie beim Italiener, im Regelfall erleichtert darüber, dass ich es nicht ganz so hässlich getroffen habe mit meinem. Es scheint so, dass ein jeder und eine jede den Rollstuhl hat, der zu einem passt.

Bei meinem ersten Besuch einer Behindertenwerkstatt zog ich, ohne darüber nachzudenken, mein teuerstes Hemd an. Wäre ich noch im Besitz einer Krawatte gewesen, hätte ich sie wahrscheinlich auch umgebunden. Nur, um jedem zu signalisieren, dass ich nur zu Besuch war.

Vor Ort strengte ich mich nach Kräften an, immer ein bisschen wacher, cleverer, entspannter zu sein, als ich mich fühlte. Spräche ich Latein, hätte ich es wahrscheinlich benutzt oder zumindest ununterbrochen kluge Seneca Zitate eingestreut. Ich versuchte herauszustechen, anders zu sein. Lässiger, cooler, weniger behindert.

Ein seltsames Gefühlsgebräu ist das. Zum einen die Furcht, vereinnahmt zu werden. Zum anderen verabscheue ich die ungefragte Kumpelei. Ich möchte niemanden duzen müssen, bloß weil er oder sie auch im Rollstuhl sitzt. Oder weil er oder sie zufällig die gleiche Krankheit hat. Niemand von den Mitgliedern im Behindertenclub soll mich für einen der ihren halten. Vor allem aber liegt mir daran, dass kein Passant so etwas denkt. Ersteres hat Stil, Letzteres etwas Unreifes.

Und ich habe mit der Anzahl anderer Behinderter ein Problem: Ein einzelner Rollstuhlfahrer wäre erträglich, aber ein ganzer Saal voll mit ihnen… (Mal davon abgesehen, dass irgendwelche Brandschutzbestimmungen das garantiert verhindern würden.)

Nach dem Besuch der Behindertenwerkstatt stand ich dann mit fünf anderen Rollstuhlfahrern vor einem Lift. Wir mussten auskaspern, wer mit wem fahren würde. Tetris für Vierrädler. Insgeheim hoffte ich, dass das möglichst unbemerkt stattfände. Und gleichzeitig bemühte ich mich, niemanden der Anwesenden dieses Unwohlsein spüren zu lassen.

Insofern tat es richtig gut, dass mir ein Rollstuhlfahrer in der Schlange so richtig unsympathisch war. – Ich mag auch mal ungerecht sein.

Schon mit anderen körperlich Eingeschränkten tue ich mir manchmal schwer. Wie schwer fällt es dann erst, von einer Behinderung zur nächsten zu wechseln. Man steckt in seiner genauso fest wie alle anderen in ihrer Nichtbehinderung. Mit den körperlich Behinderten komme ich halbwegs zurecht. Wobei ich mit Blinden genauso verkrampft umgehe wie andere mit mir. Schwerer tue ich mir mit psychischen Einschränkungen. Jemanden mit einer heftigen Depression als behindert anzuerkennen, fällt mir schwer – genau wie den Betroffenen selbst. Dabei lähmt diese Krankheit wahrscheinlich sogar unbarmherziger als ein durchtrenntes Rückenmark.

Offiziell halte ich das Fähnlein der Zusammengehörigkeit zwischen den Menschen mit Behinderungen hoch, beschwöre ähnliche Diskriminierungserfahrungen, rege mich über Barrieren aller Arten auf. Aber wenn ich wirklich ehrlich bin, stimmt das nicht. Irgendwann wurde von Nichtbehinderten entschieden, alle Menschen mit dauerhaften Einschränkungen unter ein Label zu packen. Vielleicht war das nur ein verwaltungstechnischer Vorgang, ohne tiefere Bedeutung.

Der Argwohn zwischen den verschiedenen Behindertengruppen ist mitunter gewaltig. Sobald jemand in den Medien an die Oberfläche der Aufmerksamkeit gespült wird, achtet man peinlich genau darauf, dass alle anderen Behinderungsarten mit heruntergebetet werden. Blinde – Gehörlose – Seheingeschränkte – Schwerhörige – Rollstuhlfahrer – Autisten – Menschen mit Lernschwierigkeiten oder Psychiatrieerfahrung und so weiter. Für Außenstehende erklären sich die Unterschiede beispielsweise zwischen Gehörlosen und Schwerhörigen nur schwer. Doch diese sind gewaltig.

Nicht nur ich reagiere dann oft für Dritte unerwartet emotional. Sowohl, wenn ich mich falsch zugeordnet, als auch, wenn ich mich übergangen fühle. Und dann sage ich mir wieder einmal: Niemand ist verpflichtet, ununterbrochen für alle zu sprechen, wenn er sich meint. Du bist nicht immer gemeint. Du solltest dich nicht so wichtig nehmen.

Dazu kommt das quantitative Ungleichgewicht. Rollstuhlfahrer bilden in der Gruppe der Körperbehinderten die Mehrheit. Daher kommt oft der Vorwurf anderer, das Thema Barrierefreiheit nicht auf den Bau von Rampen zu beschränken.

Von nicht zu vernachlässigender Bedeutung ist auch, wie weit eine Behinderung die Kommunikation beeinträchtigt. Ein Rollstuhl und Blindheit erschweren diese nicht so fundamental wie beispielsweise Gehörlosigkeit. Das erklärt, warum die meisten Behindertenfunktionäre entweder im Rollstuhl sitzen oder blind sind.

#Behindertenaufstellung

Wenn ich zur Selbsttherapie eine Behindertenaufstellung machen würde, ständen rund um mich andere Rollstuhlfahrer, aus den unterschiedlichsten Gründen gehunfähig, die meisten in meinem Alter oder jünger. Dahinter die Amputierten. In der einen Ecke des Raumes versammelten sich die gebrechlichen Alten und in der weiter entfernten die mit geistiger Behinderung, aufgereiht nach ihrer Fähigkeit, mit mir zu kommunizieren. Die mit Mehrfachbehinderung tummeln sich in der dritten und in der vierten dann die Autisten. Alle mit psychischen Krankheiten wären in einem anderen Raum, da könnten sie körperlich noch so fit sein. Und der Rest kommt in meiner Aufstellung gar nicht erst vor.

Natürlich verändert sich das jeden Tag und mit jeder Begegnung. Ich mag jetzt nicht darüber nachdenken, was das über mich aussagt. Es geht um die Erkenntnis, dass jedes »Wir« maximal eine Hilfskonstruktion ist, die man klug nutzen und sich ihr nicht unüberlegt unterwerfen sollte. Diese Schwierigkeiten haben wahrscheinlich alle. Nur spricht niemand darüber.

Ein Freund arbeitet mit geistig Behinderten in einer Wohngruppe. Da er mit dem Wort hadert, setzt er jedes Mal ein »sogenannt« davor. Hin und wieder machen er und die sogenannten geistig Behinderten einen Betriebsausflug raus ins Grüne.

Im Bus setzte sich unlängst eine aus der Gruppe, eine elegant gekleidete ältere Dame, möglichst weit entfernt zu einer alleine fahrenden Gleichaltrigen. Nach einer Weile schüttelte sie den Kopf und sagte zu ihrer Wahlnachbarin: »Schrecklich, diese Behinderten!«

#Zivilkrüppel

In Deutschland besitzt ungefähr ein Zehntel der Bevölkerung einen Schwerbehindertenausweis, ist also amtlich anerkannt behindert. In anderen Ländern sind es mal mehr, mal weniger, je nach Definition. Und im fortgeschrittenen Alter gibt es eigentlich niemanden mehr ohne Behinderung, auch wenn sich das die meisten nicht attestieren lassen. Bei dieser Erkenntnis zucken viele zusammen – und nicken nach kurzem Nachdenken. Um es sofort wieder zu verdrängen, bis es so weit ist. Immer, wenn ich die Binsenweisheit irgendwie unterschummle, dass Behinderung ganz banal jeden angeht, der über sechzig ist, nickt das Gegenüber und fühlt sich dennoch nicht mitgemeint (trotz Athrose, Bandscheibenvorfall und Lesebrille). Auch nicht, wenn sich die ersten Ausfallerscheinungen bereits abzeichnen.

Die größte Wahrscheinlichkeit für eine Behinderung besteht in unseren Breiten darin, lange genug zu leben. Weit über die Hälfte selbst der anerkannten Behinderungen sind durch den Verschleiß des Körpers entstanden. Beim anderen Drittel ist die überwiegende Mehrheit durch Krankheit oder Unfall zu ihrer Behinderung gekommen. Nur eine Minderheit in der Minderheit hat eine angeborene Behinderung.

Dennoch geht es in den meisten Medienbeiträgen um die Belange von Kindern mit angeborenen Behinderungen oder junge Leute in Behindertenwerkstätten. Alte Menschen mit Behinderungen werden eigentlich nie als Behinderte thematisiert.

Besonders bizarr wird es, wenn Ältere erst ausschweifend von ihren großen und kleinen Einschränkungen berichten, aber nicht im Traum darauf kämen, dass sie nun mit mir im Behindertenkahn sitzen. Deswegen denkt bei »Behinderten« niemand spontan an die eigene schwerhörige Oma, und diese selbst als

Allerletzte. Denn die Alten sind besonders bockig: Kaum einer, der nicht viel besser laufen kann als ich, bezeichnet sich freiwillig als Behinderten.

Also werde ich weiter mit meiner sperrigen Wahrheit durch die Lande tingeln. Man wird mir notgedrungen zuhören und sagen: »Ach, das ist ja interessant, zwei Drittel der Behinderungen sind altersbedingt?« Ich werde nicken, voreilig glücklich darüber, verstanden worden zu sein. Wenige Minuten später wird es dann wieder um die Inklusion in der Grundschule der Tochter oder des Neffen der Nachbarn gehen. Wahrscheinlich ist das die Rache dafür, dass ich auf dem Thema Alter herumgeritten bin.

Die über siebzigjährige Schauspielerin Diane Keaton äußerte sich in einem Interview dazu: »Das Leben ist nicht vorbei, nur weil man nicht mehr so jung ist wie früher. Das Leben kann sich immer noch grundlegend ändern, auch wenn man vielleicht denkt, dass man alles schon erlebt hat. Je älter man wird, desto komplizierter wird das alles: Es ist schwieriger, anmutig und elegant zu sein. Manche Dinge dauern länger.« – Wie wahr, wie wahr! Behinderung ist eine Schule des Alterns. Dumm nur, wenn man beides gleichzeitig aushalten muss.

#Kriegskrüppel

Im heutigen Deutschland erwirbt man seine Einschränkungen normalerweise erst im Alter. Weitet man den Horizont, besteht die größere Wahrscheinlichkeit dafür jedoch darin, in einen Krieg zu geraten. Millionen Menschen weltweit leben mit abgerissenen Gliedmaßen, sind blind oder gehörlos als direkte Kriegsfolge. Und noch Jahre nach dem Ende der Kriegshandlungen treten Kinder auf Minen. Oder die Seelen sind so traumatisiert, dass sie niemals mehr heilen werden. Krieg zerstört nicht nur Landschaften und Städte, sondern vor allem Menschen. Und die durch einen Krieg zu Behinderten gewordenen prägen die Gesichter der Straßen, zumindest vorübergehend.

Nach den beiden Weltkriegen quoll Deutschland über von »Kriegskrüppeln«, wie man sie damals nannte. Von der registrierten einen Million Behinderter nach dem Zweiten Weltkrieg waren zwei Drittel kriegsbedingt. Um beispielsweise zweitklassig Blinde in den Fünfzigern davon zu unterscheiden, führte man den schnöden Begriff »Zivilblinde« ein. »Schwerbehinderter« ist ebenfalls eine Erfindung aus diesen Jahren, und es kostete viele Diskussionen, Protestnoten und so weiter, um den »Krüppel« abzulösen. Auch die »Kriegsversehrten« sind aus der Mode gekommen. Heute umschreibt man das lieber neutral, verzichtet auf den Krieg im Namen, um auch ja niemanden zu erschrecken. Also spricht man lieber von »posttraumatischen Belastungsstörungen«.

Kein Historiker konnte mir bislang erklären, wohin diese an Leib und Seele Versehrten so rasch verschwanden. Auf den Bildern von Otto Dix sieht man sie noch, in den Romanen eines Erich Maria Remarque vegetieren sie weiter. Oder in den Geschichten Wolfgang Borcherts. Auf einmal fehlten die Kriegskrüppel im Straßenleben. Über siebzig Jahre später erinnert an sie nur noch der Hörspielpreis der Kriegsblinden. Nur die Kunst bewahrt ihre Erinnerung.

Um als Mitteleuropäer eine Ahnung davon zu bekommen, was ein Krieg anrichten kann, muss man lesen. Das beherrschen die meisten heutigen Kriegstreiber nur leider nicht. Bevor er Unheil anrichten kann, müsste jeder von ihnen mal für einen Tag mit Augenbinde in einem Rollstuhl sitzen, um eine vage Ahnung davon zu bekommen, wie sich Behinderungen anfühlen. Oder ist das zu naiv? Geht es beim Krieg nicht um etwas anderes? Das Heimatland, eine Religion, um Macht... All das schrumpft bis zur Bedeutungslosigkeit zusammen, sobald man nicht mehr sehen, laufen oder fühlen kann.

Bei einer Recherche stolpere ich über das Foto einer Krüppelparade sechs amerikanischer GIs in Uniform. Alle sind um die dreißig, bestes Soldatenalter also.

Sie verlassen gerade, brav einer nach dem anderen, ein Feldzelt. Der Erste hat zwei Krücken und zwei Prothesen, entweder sind die nicht gut, oder er kann noch nicht damit laufen – oder aber er möchte auf seine Versehrtheit besonders melodramatisch hinweisen. Als Einziger trägt er kurze Hosen, damit seine Prothesen besser zur Geltung kommen. Ihm folgt einer mit einem leeren Rollstuhl, wahrscheinlich, um ihn notfalls aufzufangen. Das gibt dem Ganzen einen Stich ins Operettenhafte.

Dahinter kommt ein Paar, der eine ebenfalls beidseitig amputiert im Rollstuhl, geschoben von Nummer vier. Dabei sieht der Amputierte kräftig genug aus, um diesen auch selbst fahren zu können. Im Anschluss kommt ein Fußgänger, mit zwei Beinen, danach wieder einer, der einen leeren Rollstuhl schiebt. Sie platzen gleich alle ob ihrer eigenen Versehrtheit.

Dass man auf seine Behinderung stolz sein kann, ist mir bislang nicht untergekommen. Sie steht hier für Tapferkeit, für Kampfeswille, für unbedingte Vaterlandsliebe. Die Behinderungen werden ausgestellt wie Orden, mehr noch, sie sind Auszeichnungen.

Im Untergrundgewirr der Grand Central Station in New York begegnete ich einem auf dem Boden sitzenden Bettler. Vor sich eine umgedrehte Mütze und ein Schild. Auf dem stand: schwarzer, schwuler, behinderter Vietnam-Veteran.

#Friedensangebot

Mit einigen Mühen gelingt es mir, eine öffentliche Diskussion mit Peter Radtke zu organisieren. Er war der erste Mensch mit Behinderung, der als Schauspieler aus dem Rollstuhl heraus Erfolg hatte. In den Siebzigern spielte er an den Münchner Kammerspielen und hat danach überall im Kulturleben mal mitgemischt. Er ist also so etwas wie ein Vorbild. Bis auf den Umstand, dass er mich nicht mag. Schon bei unserem ersten Zusammentreffen vor zehn Jahren hat er mir zu verstehen gegeben, dass er mich als behinderten Frischling nicht für voll nehmen könnte. (Besonders unverzeihlich fand er, dass ich in einem Buch von »Behinderten« statt »Menschen mit Behinderung« gesprochen hatte.) Seitdem verliefen all unsere Treffen unerfreulich, sobald Publikum dazustieß.

Eigentlich hätte mich das auf die anstehende Diskussion vorbereiten sollen. *Was kommt nach der Inklusion?*, so hatte ich die Veranstaltung genannt und gehofft, dass Peter Radtke mir auf ganzer Linie widersprechen würde. Extra habe ich sogar ein Fernsehteam dazuorganisiert, damit wir die richtige Bühne haben. Doch selbst das verfängt nicht.

Denn er hat keine Lust, ein Gespräch mit mir zu führen. Er antwortet auf meine Fragen routiniert, kein überflüssiger Satz darüber hinaus, keine Gegenfrage. Mit allen Mitteln versuche ich, dies zu ändern, mit kleinen Provokationen, boshaften Nachfragen, überquellender Lobhudelei. Schließlich mit Geschichten aus meinem Leben, erst verhalten, dann immer offenherziger. Aber er bleibt stoisch bei seiner Altersmilde: Alles sei gut, man müsse es nur von der richtigen Seite betrachten. Und dann wiederholt er mehrfach, dass er seiner Behinderung dankbar sei.

Das politisch Korrekte nerve ihn immer mehr. Ich hake ein

und erzähle von meinem letzten kaputten Lift im Regen. Er behauptet, sich über so etwas nicht mehr aufzuregen. Kurz und gut, er lässt mich auflaufen, auf ganzer Linie.

Nach der Veranstaltung kommt er noch einmal auf mich zu. Er grinst mich an und sagt: »Mit den anderen werden Sie es leichter haben.« Und fährt davon.

Müde und mit einem schalen Gefühl der Leere folge ich ihm eine Stunde später in die Nacht. Ich fühle mich gescheitert, mit meinem Appell an Kameradschaft, meiner Sehnsucht nach Verbrüderung, und sei es nur für einen Moment. Stattdessen haben wir uns letztlich nur wieder die üblichen, zerkratzten Platten vorgespielt.

Wahrscheinlich war meine Annahme blauäugig, die Fernsehkameras würden von alleine die Zungen lösen und eine anregende, vielleicht sogar aufgeregte Diskussion provozieren. Stattdessen wirkten sie lähmend. Behinderung hat eben kein fernsehtaugliches Format.

Er hat gewonnen, weil er trotz des Honigs gerochen hat, dass ich ihn für meine Zwecke instrumentalisieren wollte. Und er möchte sich nicht mehr einspannen lassen. Vergeblich hatte ich darauf gebaut, dass er seiner streitbaren Natur folgen würde, sobald man mit einem roten Tuch vor seinen Augen herumfuchtelte. Wahrscheinlich hätte ich mich aber an seiner Stelle genauso verhalten. Es ist ein Denkfehler, dass alle Behinderten sich mögen müssen, nur weil sie behindert sind. Wir müssen uns nicht mögen, höchstens respektieren.

Es gibt nicht nur den tiefen Graben zwischen den verschiedenen Behinderungsarten, sondern den noch viel tieferen zwischen angeborenen und erworbenen Behinderungen.

Unter Blinden ist beim Kennenlernen die Frage üblich, ob man »geburtsblind« oder »erworben blind« sei. Zu unterschiedlich sind die Lebensläufe, aber oft auch die spezifischen Fähigkeiten, wie etwa die Beherrschung der Brailleschrift. Diese lernt man kaum noch, wenn man erst mit sechzig erblindet. Dafür hat man sich nicht Schule, Ausbildung und so weiter erkämpfen müssen.

Diese Trennlinie wird für mich immer sichtbarer. Die mit der erworbenen Behinderung sind nicht so laut, nicht so bockig, nicht so wütend, sie wollen wieder dazugehören. Die anderen hingegen waren noch nie Mitglieder im Club der Nichtbehinderten. Während die Ersteren fürchten, sie könnten vielleicht Hausverbot bekommen und sich entsprechend umsichtig benehmen, um ja nicht negativ aufzufallen, wollen die anderen oft genau das: auffallen, wahrgenommen werden. Sie sind diejenigen, die die Normen in Frage stellen. – Wir könnten durchaus etwas voneinander mitnehmen, wenn wir ehrlich mit uns wären.

#Protesttag

Ein durch und durch politisch korrekter Autorenkollege, geradezu verbissen tolerant, postet auf Facebook dauernd etwas für seine islamischen oder jüdischen Freunde. Pünktlich wie eine Atomuhr wünscht er ihnen Frohes Fastenbrechen oder Happy Chanukka. Seinen behinderten Freunden hat er am 5. Mai – dem offiziellen Protesttag der Menschen mit Behinderung – noch nie einen erfolgreichen Tag gewünscht. Vielleicht liegt das aber auch daran, dass von diesem Protest bislang niemand ohne Behinderung etwas gehört hat. Ich für meinen Teil habe keine Freunde mit Down-Syndrom und wünsche den Autisten unter meinen Facebook-Bekannten am 2. April, dem Welt-Autismus-Tag, auch nicht alles Gute. Ich bin ein Sozialschwein.

Jährlich wiederholt sich das Trauerspiel des europaweit ausgetragenen Protesttages; in München entweder auf dem Marienplatz oder am Stachus. Da stehen wir dann herum, von den Shoppingverrückten und den Touristen so unbeachtet wie die Zeugen Jehovas am anderen Ende des Platzes. Um uns danach darüber zu beklagen, dass wieder nur die üblichen Verdächtigen davon Notiz genommen haben.

An einem improvisierten Stand mit Sonnenschirm liegen Broschüren aus. Diese werden wie wild von Senioren eingesammelt, ohne Zeit auf den Inhalt zu verschwenden.

Die meisten Formen des Protestes von Behinderten haben sich überlebt. Sie wirken wie aus der Zeit gefallen: der Proteststand, die langatmigen Flyer, überhaupt: die Sprache des Protestes, das klirrende Mikrofon, das angestrengte Kulturprogramm…

Man hat sich irgendwie gemütlich eingerichtet in der Wagenburg. Niemand empört sich über die Klagen, weil eh niemand zuhört. Es hat sich eine gewisse Behäbigkeit breitgemacht. Sobald sich eine Touristengruppe nähert, um das Rathaus abzulichten, wechsle ich den Platz. Hauptsache, ich bin nicht auf einem der Bilder.

Das Bühnenprogramm des Protesttages 2018 beginnt mit einer Coverversion von Zarah Leanders »Nur nicht aus Liebe weinen«. Dargeboten von einer Größe des Münchner Showbusiness, das behauptet jedenfalls die Moderatorin. Vor ihrem Auftritt wurde sie von der Künstlerin inständig gebeten, auf ihre Sehbehinderung hinzuweisen. Die jedes Jahr gebuchte Sängerin ist nicht optimal ausgesteuert, singt dagegen aber tapfer an. Bis eine Gruppe besoffener Fußballfans sie niedergrölt. Unmittelbar fragt man sich, wer hier eigentlich behindert ist.

Schütterer Applaus. Wie immer folgt noch eine Gesprächsrunde mit Politikern. Wobei allein deshalb kein Gespräch zustande kommt, weil niemand dem anderen zuhört. Die Politiker überbieten sich in Forderungen an die Politik und merken nicht einmal, wie absurd das alles ist. Oder, noch schlimmer, sie merken es und zeigen es nur nicht.

Natürlich könnte ich mein Leben auch damit verbringen, beleidigt oder enttäuscht oder verärgert zu sein. Gründe gäbe es schon ohne Behinderung genug und mit noch viel mehr. Aber das ist mein Leben, und ich möchte den ganzen Schmarrn nicht auch noch mit mir herumschleppen.

Was wären angemessene, vor allem wirksame Formen des Protests? Nur medienwirksame Formate taugen etwas, denn für das reine Demonstrieren von Masse sind selbst alle Behinderten der Stadt zu wenig.

Stimmt das Setting, reichen ein paar wenige. Wie bei der Gruppe um den Berliner Aktivisten Raul Krauthausen. Bei der Verabschiedung des Bundesteilhabegesetzes haben sie sich medienwirksam am Ufer der Spree festgekettet. Damit haben sie es immerhin in die »Heute«-Nachrichten gebracht.

Vielleicht geht es gar nicht um Widerstandsfähigkeit, sondern vielmehr um Sichtbarkeit. Um die Besetzung – um es wehrhafter auszudrücken – des öffentlichen Raumes. Und das heißt: raus aus der Komfortzone. Auch da aufzutauchen, wo es nicht vordergründig um Behinderung geht.

Um herauszufinden, ob ich meine Eindrücke über den Münchner Protesttag verallgemeinern kann, schaue ich mir zunehmend sprachlos am Abend ein Video über den Tag in Saarbrücken an. Eine junge Frau im Rollstuhl hält auf einer improvisierten Bühne eine leidenschaftliche Rede. Vielleicht betont sie das mit den Menschenrechten ein- oder zweimal zu oft, aber geschenkt: Sie rebelliert. Wortreich.

Danach wird sie von der nichtbehinderten Sozialministerin im schlecht sitzenden grünen Kostüm gemaßregelt. Manche der verwendeten Worte, sagt sie, kämen nicht in ihrem Wortschatz vor (auch wenn sie anscheinend alles verstanden hat), und überhaupt: Alle Bürgermeister und Landräte des Saarlandes würden sich quasi rund um die Uhr für Menschen mit Behinderung einsetzen. Gemeint ist wohl: Stell dich mal nicht so an, wo wir uns doch so um dich bemühen.

Die Dame in Grün unterstreicht ihre Maßregelung mit einem wiederholt vorgetragenen: »Das geht doch alles auch ohne Aggressivität.« Spricht's, umklammert ihre Handtasche und verlässt voller aufgeblasener Selbstgerechtigkeit die Bühne, ohne die junge Frau im Rollstuhl noch einmal anzuschauen. Diese bleibt auf der Bühne, bis ihr heruntergeholfen wird.

Mir bleibt kurz die Sprache weg. Dann bricht es mit meinen Worten und in einfacher Sprache aus mir heraus:

FUCK YOU, BITCH!

#Ahnengalerie

Spricht man mit Theaterleuten über Behinderung, fangen zwangsläufig die Augen zu leuchten an. Gerührt erzählen sie von ihrer inspirierenden Zusammenarbeit mit dem verstorbenen Christoph Schlingensief. Er ist der Albert Einstein der Theaterleute. Immer, wenn man sich auf jemanden berufen möchte, dann auf ihn. Und alle erzählen mit wohligem Gruseln, wie wohl er sich inmitten geistig Behinderter gefühlt habe.

Ich kann nicht mitreden, weil ich keine einzige Aufführung von einem seiner Stücke gesehen habe. Nicht einmal »Freakstars 3000«, obwohl ich zur Zeit der Premiere 2004 begann, mich in einen solchen zu verwandeln.

Solange er lebte, fremdelte ich mit ihm aus der Befürchtung heraus, dass er mich nicht hätte mitspielen lassen. Weil ich ihm viel zu angepasst gewesen wäre, zu wenig Revoluzzer, zu viel Bildungsbürger, in einem Wort: zu nichtbehindert. So bildete ich mir das zumindest ein.

Heute wäre ich so weit. Aber nun ist es zu spät.

Hier der ihm gewidmete Monolog, mit dem ich bei Christoph Schlingensief vorgesprochen hätte:

Lasst uns gegen alles demonstrieren, überall mitmachen: gegen Plastik in den Meeren, gegen die Annexion der Krim, meinetwegen auch für mehr Schrebergärten! Lasst uns überall dabei sein! Denn wir demonstrieren immer auch nebenbei für unsere Sache mit. So brauchen wir Teilhabe nicht einzufordern, wir können sie vorleben.

Keine Demos von Behinderten für Behinderte, keine Behindertenpartei, sondern in allen Parteien mitmischen.

In einem Wort: Wir müssen schlauer sein als die Nichtbehinderten.

Nur bei einer Sache lasst uns gemeinsam aufpassen! Mit äußerster Umsicht! Dass nicht eine Behinderung gegen die andere ausgespielt wird. Also nicht entweder Rampe oder Blindenleitsystem. (Das sind diese Rillen im Boden, auf die Rollstuhlfahrer gerne verzichten.)

Ohne die Unterschiede zu negieren. Im Gegenteil, lasst sie uns klar benennen. Es gibt auf dieser Welt genug Platz für viele Wirs. Auch wenn das die Sache kompliziert macht. Denn Überforderung gehört zur Behinderung dazu.

4 // Inklusionsgedöns

#Sommerlochklassiker

»Die einzige Behinderung, die man im Leben haben kann, ist eine negative Haltung«, fabuliert ein fast Blinder bei seinem lieblos heruntergenudelten Vortrag im Rahmen einer Personalversammlung. Angekündigt wurde dieser mit dem Titel »Motivation durch Inklusion« – was für ein Quatsch! Freundlicher formuliert ist das nicht einmal die halbe Wahrheit. Würde man ihm folgen, müsste man seine Behinderungen verleugnen. Man muss so etwas nicht pflichtschuldig beklatschen, wie der Rest der Zuschauer, bloß weil der Mann behindert ist.

Im Grunde nimmt ihm niemand seinen Unfug ab. Beklatscht wird, dass er den Mut hat, ihn auszusprechen. Dass sich da einer vor 600 Menschen stellt, der sein Publikum nicht einmal sehen kann, und sagt: »Schaut her, alles ist möglich.« Gewürdigt wird seine Haltung, weniger seine Thesen.

Nicht zu unterschätzen ist auch, dass gerade die Nichtbehinderten nach Beruhigungspillen lechzen. Sobald ihnen jemand sagt »Ist alles nicht so schlimm«, freuen sie sich wie Kinder. Auch das ist »Inklusion«, nur ausnahmsweise andersherum.

Seit ein paar Jahren geistert diese Worthülse durchs Halbdunkel der politischen Korrektheit. Sie soll Behinderte und den Rest der Welt zusammenführen, löst aber höchstens Gähnen aus. Mittlerweile kann man das Wort gar nicht mehr anders aussprechen als mit einem ermatteten Seufzer.

Sobald ich »Inklusion« höre, fühle ich mich nicht mehr gemeint. Es ist eines von diesen Betroffenheitswörtern und eigentlich nicht mehr passend zu gebrauchen, wie »Toleranz«. Vielleicht, weil es etwas Selbstverständliches beschreibt und doch etwas Visionäres meint.

»Inklusion« klingt irgendwie nach Harmonie, Zeit zum Kuscheln. Das passt nicht in die Wirklichkeit. Denn Behinderung ist gerade das Gegenteil von Harmonie. Kein Wunder also, dass das Wort und das, was damit erreicht werden soll, kein Selbstläufer ist. Insofern dürfte eigentlich niemand überrascht sein, dass es überall hakt. Behinderung macht das Leben zur Baustelle, daran muss man sich gewöhnen. Lärm und Dreck *inklusive*.

In Rekordzeit hat sich »Inklusion« folglich zum Unwort entwickelt. Die einen schreckt es ab, weil sie keine Lust mehr auf entleerte Beschwörungsformeln haben, die anderen, weil es sie schlicht und einfach nicht interessiert. Und die Aktivisten, die das Wort vor sich hertragen wie eine Monstranz, fühlen sich generell im Recht.

Der Autor Uwe Becker hat mit seinem 2015 erschienenen Buch *Die Inklusionslüge* schon im Titel ein vernichtendes Urteil gefällt. Ganz unrecht hat er dabei nicht. Nur ein paar SPIEGEL-Redakteure sind heute noch in den Begriff vernarrt. Wenn nichts Weltbewegendes passiert, sitzen sie garantiert am nächsten Artikel über ihren Untergang. Dabei haben sie diesen selbst mit herbeigeschrieben mit zahllosen Reportagen. »Die Inklusion ist gescheitert.« Vielleicht sind sie auch nur in diesen Satz verliebt.

Für Journalisten mit Beißhemmung taugt das Wort kaum. Außerhalb der Redaktionsstuben wirkt es wie ein Schlafmittel. Alle sind sich einig, dass das schon ganz schön doll wäre, wenn die Behinderten reininkludiert werden in die Gesellschaft. Nur, in welche? Das »Wir« und das »Ihr« sollen sich auflösen. Doch so, wie darüber gesprochen wird, vergrößert sich der Abstand nur.

Erst mal jeden mitnehmen zu wollen, ist an sich nicht verkehrt. Ad absurdum wird dies allerdings dann geführt, wenn das Wort »Inklusion« exklusiv für Menschen mit Behinderung reserviert bleibt. Ausländer werden weiterhin »integriert«, nicht inkludiert. Und andere Randgruppen wie Frauen (sic!) bekommen ihre Gleichberechtigung. Wie weit sie damit nach hundert Jahren Kampf gekommen sind, steht auf einem anderen Blatt.

Alle drücken sich um eine halbwegs verbindliche Begriffsbestimmung herum. Also verwendet jeder das Wort so, wie es ihm gerade gefällt. Eine Sackgasse, in der man nun nach der ersten anfänglichen Euphorie feststeckt. Aufbruchsgeist, Experimentierfreude oder gar Abenteuerlust werden damit wahrlich nicht verbunden.

#Ratlosigkeit

In der *Süddeutschen Zeitung* steht mal wieder ein Bericht über einen ambitionierten Vater. Vehement fordert er für seinen Sohn mit Down-Syndrom das Wahlrecht ein. Allerdings kommt im Verlauf des Artikels der Sohn nicht ein einziges Mal zu Wort. Das Verhältnis zwischen Eltern und Kindern ist schon ohne Behinderung kein Zuckerschlecken. Ist das Kind behindert, sind zusätzliche Verkrampfungen vorprogrammiert. Das ist zunächst nicht weiter schlimm. Problematisch wird es erst dann, wenn eine Seite darunter leidet.

Ich bin nicht für oder gegen das Wahlrecht für Menschen mit Behinderung, sondern dafür, dass zuerst einmal diejenigen gehört werden, die es betrifft. Und dass die anderen, ob nun Eltern oder Politiker, so lange ihre Klappe halten. Auch wenn das schwerfällt. Wahrscheinlich werden die Erzeuger voller Inbrunst behaupten, dass sie doch wohl am besten wissen, was ihre Kinder wollen. Doch die Lebenserfahrung lehrt einen, dass das ab einem bestimmten Alter nur selten zutrifft.

Ich ermahne mich dann regelmäßig zu mehr Mitgefühl, mehr Verständnis, gerade für die elterlichen Nöte. Aber ich schaffe es einfach nicht. Zu sehr stecke ich wieder darin fest, mich zum zweiten Mal nach der Pubertät freistrampeln zu müssen. Dabei hatte ich mir eingebildet, das hinter mir zu haben. Mit Mitte vierzig fühle ich mich wieder wie mit siebzehn. Dauernd beharre ich trotzig auf meiner Autonomie, dauernd weise ich Hilfsangebote zurück. Selbst dann, wenn sie wirklich etwas erleichtern würden.

Jedes Mal nehme ich mir vor, beim nächsten Mal etwas souveräner zu sein, und schlage erneut die hingehaltene Hand weg. Darauf folgt das schlechte Gewissen. »Wir wollten doch nur helfen«, sagen sie.

Selten fühle ich mich mehr als gefundenes Fressen für einen Psychologen als nach einem Besuch bei meinen Eltern.

Keine Frage, es ist für sie schwer herauszufinden, wann ihre Hilfe wirklich nötig ist. Sie setzen sich unter Druck, alles richtig zu machen, und fühlen sich sicherlich auch unter Druck gesetzt, von wem auch immer. Das Perfide ist, dass dieser Druck selten laut artikuliert wird. Er steht nicht einmal irgendwo im Kleingedruckten, man spürt ihn nur. Und erfahrungsgemäß ist das die schlimmste Form von Druck.

Das kann dann im Extremfall sogar dazu führen, dass das behinderte Kind verwahrlost – oder weggesperrt wird. Auch das gibt es. Häufiger sogar, als man wahrhaben möchte. Da die überfürsorglichen Eltern sichtbarer sind, übersieht man die überforderten umso leichter.

Alle Schwierigkeiten mit dem Thema Behinderung verdichten sich im Eltern-Kind-Verhältnis. Familie heißt per se: Zwangs-Inklusion. Nirgendwo scheitert sie emotionaler. Näher kommen sich Behinderte und Nichtbehinderte nie, außer wenn sie miteinander verwandt sind. Aber so richtig möchte an dieses Thema niemand ran. Mich eingeschlossen. Zu explosiv wahrscheinlich.

Um das Thema Inklusion möglichst auf Armlänge von sich halten zu können, wird es auf das Thema Bildung verengt. Da passt es ganz gut hin.
Die Folge ist, dass jedes Gespräch über Inklusion selbstmörderisch auf die unselige Schulproblematik zusteuert und dort ausgemergelt verblutet. Eine Wissenschaftlerin erklärt das damit, dass die Sonderschulpädagogen in der Lehrerszene die Einzigen waren, die sich wirklich für die UN-Behindertenkonvention interessierten und kurzerhand die Inklusion annektierten. Es lasse sich nachweisen, sagt sie, dass es rund um die Städte mit entsprechenden Lehrstühlen an den Unis überdurchschnittlich viele Kinder mit erhöhtem Förderbedarf gebe. »Die diagnostizieren jedes Kind mit Autismus oder ADHS, das nicht bei drei auf dem Baum ist«, sagt sie.
Bei der Geschichte mit den Eltern komme ich nicht aus. Bei der Bildung kann ich mich zurücklehnen. *Not my cup of tea.* Man muss nicht zu allem eine Meinung haben, wenn man sich nicht auskennt. Meine eigene, spät erworbene Behinderung qualifiziert mich nicht die Bohne für Schulisches. Ich genieße es geradezu, die Arme zu verschränken und mich, soweit es der Rollstuhl eben zulässt, zurückzulehnen.
Ich weiß auch nicht, was besser wäre. Ich möchte zu meiner Ratlosigkeit stehen. Ich habe nicht mehr Ahnung vom Funktionieren der inklusiven Beschulung, nur weil ich im Rollstuhl sitze.

Wenn man sich zu lange mit dem Thema Behinderung befasst, und mit alldem, was nicht funktioniert, zieht es einen hinab. Zumindest verliert man dabei seine gute Laune.

Und um eine Wahrheit drücke ich mich nun schon die ganze Zeit herum: Gelungene Inklusion würde auch bedeuten, den Sonderstatus aufzugeben. Nicht mehr der zu sein, um den sich viele bemühen. Bin ich dazu wirklich bereit?
Nein.

#Behindertenrechtskonvention

Seit ungefähr vierzig Jahren versuchen Menschen mit Behinderung, gehört zu werden. Nur nicht laut genug, damit das auch jeder mitbekommen würde. Aber immerhin so vernehmlich, dass sich manche in ihrer Ruhe gestört fühlen. So wie eine Mittelstufen-Punkband, die beim Proben im Gemeindesaal peinlich darauf achtet, das Wohlwollen des Pfarrers nicht aufs Spiel zu setzen. Am liebsten bleibt man unter sich und beschwert sich darüber. Wahrscheinlich ist das die natürliche Reaktion, wenn einem oft genug signalisiert wurde, maximal geduldet, aber selten wirklich erwünscht zu sein.

In den Siebzigern forderte die sogenannte »Krüppelbewegung« ein selbstbestimmtes Leben. Ohne Heime am Rande der Stadt. Ohne Fürsorge-Übergriffigkeit. Ohne Rundum-Entmündigung. Ich bin den Recken von damals überaus dankbar. – Auch wenn es die Heime am Rande der Stadt weiter gibt und eine zwar weniger übergriffige, dafür aber immer noch stur bürokratisch abgewickelte Fürsorge.

Danach dümpelte das Thema lange Zeit vor sich hin. Bis auf die Weihnachtszeit oder die Verkündung der Glückslosgewinner blieb es weitgehend unbeachtet. Das änderte sich mit der Verabschiedung der UN-Behindertenrechtskonvention im Jahr 2006. Offiziell trägt sie den schön umständlichen Titel: *Übereinkommen über die Rechte von Menschen mit Behinderungen.* (Neben dem Grundgesetz und vielleicht noch der skurrilen Bayerischen Verfassung ist sie einer der wenigen Gesetzestexte, der einem auch als Nicht-Juristen Spaß beim Lesen bereitet.) Mit ihr wurde das Zeitalter der Inklusion ausgerufen.

Die Definition von Behinderung wird darin neu gefasst, weg von den Defiziten hin zu den Barrieren, die Menschen daran hindern, Teil des öffentlichen Lebens zu sein. Dass und wie jemand durch mangelnden Zugang behindert wird, ist wichtiger, als die körperlichen, geistigen oder seelischen Einschränkungen selbst. Zum ersten Mal werden die Behinderungen einer Gesellschaft genauso sichtbar gemacht wie die der Betroffenen. Sie werden nicht vom Schicksal oder einem Gott verhängt, sondern von der Mitwelt verursacht. Das klingt so selbstverständlich, dass man aus der Entfernung eines Jahrzehnts die Sprengkraft gar nicht mehr ausreichend würdigen kann.

Erstmals formulierten darin die Vereinten Nationen den klaren Auftrag, die sichtbaren Hindernisse ebenso wie die Barrieren in den Köpfen zu beseitigen. Aber ohne zu beschreiben, was sonst passieren würde. Ein Endpunkt, bis zu dem das Ganze umgesetzt werden soll, fehlt ebenso.

Deutschland ratifizierte die Konvention 2009 und erhob sie damit fast in den Rang eines Gesetzes, allerdings unverbindlich genug, damit man sich mit der Umsetzung unbegrenzt Zeit lassen kann. Überall entstanden Aktionspläne, im Bund, den Ländern und Kommunen und in großen Unternehmen. Maßnahmenverantwortliche tagten, einander stark ähnelnde Logos wurden entwickelt und farbenfrohe Broschüren gedruckt. Diese stauben seitdem weitgehend ungelesen vor sich hin. Überhaupt wurde und wird zum Thema Inklusion viel getagt. Das Redebedürfnis ist dabei umgekehrt proportional zur Bereitschaft, den Reden auch Taten folgen zu lassen. Selbst da, wo sich die Betroffenen einfach nur einen funktionierenden Lift wünschen. Und nicht nur den vom Gleis ins Sperrengeschoss, sondern auch den zweiten hinauf zur Straße.

Die schiere Anzahl von Aktionsplänen erschlägt jeden. Und was noch entmutigender ist: Sie wirken, als hätte einer vom anderen abgeschrieben. Die Bilder, die zur Illustration verwendet werden, nehmen die Grafiker aus der Kollektion für Zahnpasta-Werbung. Hauptsache lächeln, Hauptsache vergnügt (... *doch wie's da drin aussieht, geht niemanden was an* – so in der Operette). Genauer betrachten sollte man diese Bildchen nicht: Wie beispielsweise das des jungen hübschen Mannes, der im Rollstuhl freudestrahlend vor seinem Computer sitzt. Von oben sieht seine Vorgesetzte voller Vorfreude auf ihn hinunter. Nur, dass im wirklichen Leben kein junger Mann mit Querschnittslähmung dieses Sanitätshaus-Modell fahren würde. Geschweige denn könnte. Selbst mit den sorgfältig antrainierten Muskeln käme er damit nicht einmal aus dem Fotostudio.

Sprachlich gibt man sich in diesen Aktionsplänen betont indifferenziert: »Wir wollen, dass Menschen mit Behinderung Teil der Gesellschaft...« – »Wir wollen, dass niemand wegen seiner Behinderung...« – Wir wollen Gummibärchen für alle.

Manchmal fällt den Beteiligten immerhin auf, dass diese Pläne kaum von Behinderten mitentwickelt wurden. Menschen mit Behinderung sitzen maximal in Beiräten. Manchmal grenzt das ans Absurde. Da gibt es beispielsweise einen Selbsthilfeverband, der einen Betroffenenbeirat eingerichtet hat, der den nichtbetroffenen Vorstand bei den Entscheidungen im Sinne der Betroffenen berät. Ein Selbsthilfeverband, wohlgemerkt.

Sogar die schöne, wenn auch selbstverständliche Idee der Inklusion kann zum Dogma werden, wenn man sie vor sich herträgt. Nicht selten habe ich in letzter Zeit den Satz gehört: »*Das ist aber nicht inklusiv.*« Ein vernichtendes Urteil, wenn es um Fördergelder geht. Zumeist sind die Leidtragenden dann aber die Menschen mit Behinderung, die gefälligst ein paar »Normale« in ihre Projekte zu integrieren haben. Verkehrte Welt.

Mit Aktionismus versucht man zu überdecken, dass man nichts tut. Man muss nur in genug Sitzungen darüber reden, was alles getan werden müsste. Im Konjunktiv, wohlgemerkt. Ich möchte mich nicht mehr abspeisen lassen mit einer Rampe hier oder einer Induktionsanlage dort. Vor allem werde ich nicht mehr klatschen, wenn mir so etwas als großer Erfolg inklusiver Bemühungen verkauft wird.

Sieben Jahre nach Inkrafttreten haben die Vereinten Nationen im Jahr 2015 zum ersten Mal überprüft, wie es um die Umsetzung der Konvention in den Vertragsstaaten bestellt ist. Der Bericht über Deutschland ist ernüchternd. Positiv hervorgehoben wird in fünf Zeilen eigentlich nur, dass die Gebärdensprache nun als Sprache anerkannt wird, dass es einen Bundesbehindertenbeauftragten und einen nationalen Aktionsplan gibt.

Dann folgen fünfzehn Seiten mit Mahnungen und Empfehlungen. Vor allem zeigt man sich seitens der Vereinten Nationen irritiert über die Vielzahl unabgestimmter Aktionspläne. Und so beginnt beinahe jeder Abschnitt des Berichts mit den Worten »Der Ausschuss ist besorgt darüber, dass...«

Dem schließe ich mich vollumfänglich und vorbehaltlos an.

#Podiumsdiskussion

Man hat mich zu einer Podiumsdiskussion ins Rheinland eingeladen. Worum es eigentlich gehe, fragt mich meine Freundin Anne. Ich ziehe die Schultern hoch und antworte: »Wahrscheinlich irgendwas mit Inklusion.« Dann verdrehe ich theatralisch die Augen.

Bei dem Stichwort fühlen sich alle zur Schauspielerei aufgerufen. Rein stimmlich möchte man mitteilen, was man davon hält. Die Enttäuschung darüber, dass in der Sache nichts vorangeht. Oder die Wut der Eltern von Behinderten, dass sie weiter um alles kämpfen müssen, sogar noch an deutlich mehr Fronten als früher. Oder die Resignation derer, die schon in zu vielen Arbeitsgruppen saßen.

Das Gespräch über die »Vorzüge kultureller Vielfalt« (darum geht es also!) moderiert eine Journalistin des WDR. Sie bittet uns huldvoll zu einem Vorgespräch auf die Bühne, das darin besteht, dass sie von ihren ersten wilden Diskussionen über Behinderung in den Achtzigern schwadroniert.

Neben der Moderatorin sitzt eine Kulturamtsleiterin auf dem Podium, die mir auf Anhieb so sympathisch ist, dass ich ihr hemmungslos nach dem Mund rede. Auf der anderen Seite eine Schauspielerin mit Down-Syndrom und schließlich der Aktivist Raul Krauthausen, der sofort losberlinert und sich durch nichts von seinen bewährten Maximalforderungen abbringen lässt. Erwartungsgemäß bekommt er den meisten Applaus.

Kulturelle Vielfalt, so ist man sich einig, würde viel mehr bedeuten, als drei Behinderte auf ein Podium zu setzen: Transgender, Flüchtlinge, Obdachlose. Der Fantasie sind keine Grenzen gesetzt. Dass wir alle bereits ein Geschlecht, eine Herkunft, eine sexuelle Orientierung hätten, wird nicht thematisiert.

Die Mischung aus nicht Zuhörenwollen und nicht Zuhörenkönnen führt zu einer abenteuerlichen Diskussion. Man lässt sich von den Schlachtrufen nach mehr Inklusion tragen: Es müsste mehr Geld…, man müsste den Mächtigen in der Politik…, auch Menschen mit Behinderung hätten das Recht auf Kultur…, große Konzerne sollten als Sponsoren…

Nur, um den wohlfeilen Parolen zu widersprechen, verrenke ich mich in intellektuellen Höhenflügen. Nicht einmal mir selbst ist klar, worauf ich eigentlich hinauswill. Wahrscheinlich sage ich wie immer, nur verdrechselter, dass es darum geht, hinzuschauen und nicht zu verkrampfen. Und dass Alter und Krieg die wahrscheinlichsten Gründe für eine Behinderung seien. Doch das interessiert hier niemanden.

Im Laufe der Diskussion verunsichern mich die zusammenhanglosen und sich wiederholenden Beiträge der Schauspielerin. Mir wird klar, dass das Publikum auf meine gleichermaßen unverständig reagiert. Nur habe ich keinen Down-Syndrom-Bonus. Hauptsächlich fordert sie mehr Auftrittsmöglichkeiten und recht pauschal mehr Inklusion. Rückblickend bewundere ich ihren Starrsinn.

Auf die Fragen der Moderatorin antwortet schon länger niemand mehr, sodass sie bald auch keine mehr stellt. Das Publikum klatscht aufmunternd nach jedem Redebeitrag. Diskussionen über Behinderung gleichen umso mehr ohnmächtigen Klagegesängen, je mehr Behinderte daran beteiligt sind. Liegt das vielleicht daran, dass man nicht wahrhaben möchte, sich auf gelebte Inklusion auch selbst einlassen zu müssen?

Es braucht unglaublich viel Zeit und Tausende Plattitüden, bis sich ein neuer Gedanke herausschält. Bei mir ist es die Einsicht in den Widerspruch, einerseits das Anderssein vor sich herzutragen – und sich gleichzeitig danach zu sehnen, nicht mehr über dieses Anderssein definiert zu werden.

Nach der Podiumsdiskussion verabschieden wir uns alle wie die besten Freunde. Vielleicht reicht das als Ergebnis.

#Barrierefreiheit

Die besonders Eifrigen ohne Behinderung mischen unter ihre Reden über Inklusion oft noch ein anderes Bescheidwisserwort: »Barrierefreiheit«. Und die Vollprofis merken an, dass es dabei nicht nur um Rampen für Rollstuhlfahrer gehe, sondern auch um Blindenleitsysteme, Gebärdensprach-Dolmetscher, Induktionsschleifen oder leichte Sprache für Menschen mit Lernbehinderung – der politisch korrekte Begriff für geistige Behinderung. (Unlängst habe ich sogar einmal den Begriff »Menschen mit Behinderungserfahrung« gehört. »Behinderter« allein ist vielen zu unsicher.)

In den letzten Jahren sind Übersetzungsbüros aus dem Boden geschossen, die Texte in »einfache Sprache« übertragen. Für die Übersetzung von normalem Deutsch in einfaches Deutsch verlangen sie mehr als doppelt so viel wie ein Übersetzer eines Literaturnobelpreisträgers aus dem Türkischen. Um das zu rechtfertigen, hat man Standards für diese Sprachvariante verabschiedet. Und kann nun jedem nachweisen, dagegen ununterbrochen zu verstoßen. Inzwischen werden manche Veranstaltungen sogar simultan in einfache Sprache gedolmetscht. Ich sehe nicht ein, das zu beklatschen oder gar zu fordern.

Zumal ich noch wie einen Text in einfacher Sprache gefunden habe, der auf dessen Inhalt neugierig gemacht hätte. Dass Sprache auch Lust bereiten kann, trauen diese Übersetzer ihren Lesern nicht einmal ansatzweise zu.

Die Liste, was eine barrierefreie Veranstaltung alles zu erfüllen hat, wird damit jedes Jahr länger. Sie ist eigentlich nicht mehr abzuarbeiten. Das geht bis hin zur Forderung nach veganen Snacks aus ökologisch einwandfreier Produktion. Barrierefreiheit heißt immer Mangelverwaltung. Doch der real existierende Bedarf ist für manche nicht der Maßstab: Sie fordern die Einhaltung der ganzen Liste, damit Menschen mit Behinderung auch die Möglichkeit bekommen, *nicht* an einer Veranstaltung teilzunehmen.

Um unangreifbar zu sein, wollen es manche allen recht machen – und scheitern an den beschränkten Ressourcen. Am Ende wird sehr viel Zeit, Geld und Aufmerksamkeit darauf verwendet. Der Aufwand steht selten im Verhältnis zum Inhalt. Denn diese Flyer oder Broschüren strahlen so viel Fleißarbeit aus, dass man sie sofort irgendwo liegenlässt.

Den Barrierefreimachern ist der Inhalt eigentlich egal, wenn sie nur ihre Liste abarbeiten können.

Eigentlich sollte gelten: Erst, wenn man etwas zu sagen hat, muss man sich darum kümmern, dass das auch von allen verstanden werden kann.

#Organisationsfreuden

Da das Thema Inklusion gerade angesagt ist, kommt in jeder luxuriös ausgestatteten Organisation einmal der Gedanke auf, man müsse mehr für Menschen mit Behinderung tun. Dann nicken alle wie pickende Hühner. Stimmt genau, unbedingt.

Irgendwann trifft man sich in großer Runde. Von Beginn an stimmen alle darin überein, dass man mehr zum Thema Inklusion machen müsste. Nur hat niemand eine Idee, was genau das sein könnte.

Einer der Teilnehmer stellt nun fest, dass man überhaupt nicht wisse, was Menschen mit Behinderung eigentlich brauchen, und dass man sich erst mal informieren müsse. Am besten, man gebe zuerst eine Studie in Auftrag und gründe einen Arbeitskreis. Auf einmal stimmen alle erleichtert zu. Außerdem erzeuge jede Behinderung gänzlich andere Bedürfnisse, erklärt ein Dritter. Jemand wirft ein, dass man zumindest auf die Homepage einen Hinweis setzen könnte, dass Bürgerinnen und Bürger mit Behinderung willkommen seien und dass man alles unternehme, um Barrieren abzubauen. Wieder nicken alle. Das sei doch schon mal ein guter Anfang, fassst man zusammen, und dann müsse man sich unbedingt wieder zusammensetzen, um weitere Schritte zu besprechen. – Wie war das noch bei Kant? Aufklärung beginnt mit dem Ausgang aus der selbst verschuldeten Unmündigkeit.

Ein Philosoph unserer Tage – Name sofort vergessen – behauptete einmal, dass jede Inklusion neue Exklusion hervorrufe. Dabei ging es ihm um die Schwulenbewegung. Als ich es hörte, konnte ich den Gedanken spontan nachvollziehen. Vielleicht ist es die Umschreibung des Gefühls, dass ich manchmal nicht allein unter Fußgängern sein möchte. Gerade in einer Bar mit Rampe am Eingang, in der alle anderen stehen. Man ist nicht automatisch inkludiert, nur weil man dabei ist.

Wieder andere Behinderungs-Aktivisten (mich eingeschlossen) führen dauernd den Begriff »Bereicherung« im Mund. Wie das Mitmachen von Behinderten die Nichtbehinderten *bereichern* würde. Aber das heißt doch wieder nur, dass es vornehmlich um das Wohlergehen der Nichtbehinderten geht.

Diejenigen, die am lautesten Inklusion einfordern, verdächtige ich grundsätzlich, ein sinkendes Schiff als Erste zu verlassen. – Um die sollten wir uns keine Sorgen machen, nur rechtzeitig die Schwimmwesten beiseiteschaffen.

Bei einer der vielen schon hinter mich gebrachten Sitzungen ist zur Auflockerung ein »Inklusionsbingo« angesetzt. Inklusion pur. Das Spiel sollte dazu motivieren, mit Fragen und Aufgaben auf andere zuzugehen. Erfüllen diese die vorgetragenen Aufgaben, erhalten sie eine Unterschrift. Wer eine Reihe zusammenhat, bekommt irgendwelchen Süßkram. Ich versuche, mich so gut wie möglich zu drücken, indem ich nur für die Unterschriften anderer zur Verfügung stehe, um baldmöglichst wegen Untätigkeit vom Platz gestellt zu werden.

Irgendwann schleicht eine recht ehrgeizige Frau von der Seite an mich heran.

»Was kann ich für Sie tun«, frage ich.

Ihr fehlt nur noch eine Unterschrift bis zum Schokoriegel. Sie liest die letzte Aufgabenstellung vor: »Der oder die andere hüpft auf einem Bein um Sie herum.«

Ich zucke entschuldigend mit den Schultern. Meine Bingo-Partnerin nickt peinlich berührt. Schließlich einigen wird uns darauf, dass sie hüpft und ich dafür unterschreibe, selbst gehüpft zu sein.

Wir absolvieren die Aufgabe, ohne einen Mundwinkel zu verziehen. (Was mir höchste Konzentration abverlangt.) Sie gewinnt das Bingo und bekommt Süßigkeiten. Ich auch, als Trostpreis.

Aber es war doch nur gut gemeint, das Bingo! – Ich verkneife mir jeden Kommentar. Aus Wut draufhauen, ausgerechnet auf die, die sich immerhin mit dem Thema befassen, aus welchen Motiven auch immer. Ich muss akzeptieren, dass alle anderen ihre eigenen Motive haben. Dass sich darunter auch Karrieredenken, Helfer-Syndrom, Dummheit und alles andere mischt, muss man erst mal aushalten lernen.

#Aufbahrung

Ein Blinder hat einmal zu mir gesagt: »Inklusion heißt Einschluss, und eingeschlossen waren wir in der DDR lange genug. Ich will mich nicht mehr wegsperren lassen, von niemandem, und erst recht nicht, weil ich blind bin. Ich fordere die Abschaffung der Zwangskeule Inklusion.«

Manche werden nun entnervt denken: Jetzt haben wir uns endlich an dieses Wort gewöhnt und sagen brav nicht mehr »Integration«, und nun kommen die Behinderten daher und möchten uns schon wieder was verbieten. – Ach was, sage ich dazu, fühlt euch völlig frei! Ihr könnt gerne in aller Seelenruhe »Inklusion« durchkonjugieren, aber das heißt nicht, dass man euch nicht hin und wieder aus dem Konzept bringen dürfte.

Vielleicht bemühen sich gerade zu viele Nichtbehinderte um das Thema. Zu viele, die ihr Geld mit den Behinderungen anderer verdienen. (Mehr schlecht als recht, das sei festgehalten.) All die, die sich in der Nische eingerichtet haben. All die Inklusionsfunktionäre. All die Behinderungsschranzen …

Positionspapiere und Inklusionsverständnisse (jeder möchte sein eigenes) werden verfasst und dienen doch hauptsächlich dazu, neue Positionspapiere zu schreiben, neue Arbeitsgruppen einzusetzen. Bürokratie gebiert im Bestreben, es möglichst vielen recht zu machen, neue Bürokratie. Und Festreden verleiten zum unkontrollierten Nicken. Schon beim anschließenden Empfang kann niemand mehr genau sagen, ob und was sich denn nun konkret ändern müsse.

Meistens geht es ja unausgesprochen um etwas anderes: nämlich darum, wahrgenommen zu werden. Wichtig ist nicht das Gesagte an sich, sondern, dass überhaupt etwas gesagt wird. Um damit den Lähmungen und Behinderungen etwas entgegenzusetzen. Nur so lässt sich auch die Vehemenz mancher Aktivisten erklären, und all ihre Beschwererei. (Das ist kein Vorwurf, sondern eine Feststellung.)

Eigentlich muss es im Leben immer darum gehen, sich lebendig zu fühlen. Und das schaffen wir auch ohne diesen künstlich am Leben gehaltenen Begriff. Wir brauchen uns nicht mehr daran zu klammern.

Die Inklusionsblase ist zerplatzt. Und das ist nicht einmal das Schlechteste. Wenn sich für Menschen mit Behinderung wirklich etwas ändern soll, braucht es neue Themen und angemessene Formen des Protestes. Und erst einmal die Schaffung eines »Wir«. Kein Wir, das mit dem Schwerbehindertenausweis verhängt wird. Das heißt dann folgerichtig, zunächst einmal über das Trennende und Verbindende zwischen den verschiedenen Behinderungen offen zu reden, und dann über das Trennende und Verbindende zwischen denjenigen mit angeborenen und denjenigen mit erworbenen Behinderungen.

Vielleicht führt das dann dazu, dass es Dutzende »Wirs« gibt, und wir auch hier mit wechselnden Koalitionen lernen müssen umzugehen. Also nur ein provisorisches Wir, eines für den Moment. – So kompliziert ist es eben mit Behinderungen.

Und dann müssen diese provisorischen »Wirs« gebetsmühlenhaft darauf hinweisen, dass niemand nur behindert ist, sondern auch immer ein Geschlecht und eine Herkunft und eine sexuelle Neigung… hat. Hoffentlich ist das irgendwann keine Bedrohung mehr, sondern wirklich eine Bereicherung. Wer weiß? »Inklusion« ist jedenfalls nicht die Lösung. Selbst auf die Gefahr hin, dass es erst mal keine bessere gibt.

Sie war eine Hilfskonstruktion, nicht mehr und nicht weniger. Ein Wort wie eine Baustelle. Es wird auch ohne sie gehen. Und alle, die sich mit dem Begriff angefreundet haben und ihn nicht ohne Weiteres aufgeben wollen, behalten ihn einfach.

#Grabrede

Leb wohl, Inklusion!

Wahrscheinlich nehme ich den Mund gerade etwas zu voll. Es würde wahrscheinlich auch eine Spur weniger pathetisch gehen. Egal, jetzt bin ich schon dabei, also weiter.

Inklusion, du hast uns mehr oder weniger befriedigende Dienste erwiesen. Du bist von uns geschieden, bevor alle mitbekommen haben, dass es dich überhaupt gibt. Nun ist es Zeit, Abschied zu nehmen und dich den Bildungs-Hyänen vorzuwerfen. Sie werden sich noch ein paar Jahre um die Knochen balgen. Einmal im Jahr organisiert eine überlastete Redakteurin in einer öffentlichen Rundfunkanstalt dann einen Gedenkgottesdienst in Form eines Podiumsgespräches über dich, das gekürzt im Vormittagsprogramm versenkt wird.

Lasst uns also pragmatisch sein und inklusiv handeln und einfach nur Aufmerksamkeit einfordern und währenddessen darüber nachdenken, was danach kommen könnte. Es lüftet den Kopf, immer um eine Ecke weiter zu denken.

Wenn einen das Leben im Rollstuhl etwas lehrt, dann das: wendig zu bleiben, geschmeidig, pragmatisch zu sein. Um das Beste aus Gegebenheiten zu machen. Das heißt, sich nicht vereinnahmen zu lassen. Sich nicht abhängig zu machen vom nächsten nicht funktionierenden Lift. Das abzustreifen, was einen hemmt.

So verabschiede ich das Wort »Inklusion« aus diesem Buch, nicht aber seine tiefere Bedeutung. Mit allen Ehren, wohlgemerkt. Denn ihr Geist lässt sich nur weiter befördern, indem man sie nicht so nennt. Es reicht, sie zu leben, darüber reden braucht man nicht ständig.

Wir müssen ein Stachel gegen die Behäbigkeit bleiben. Auch gegen die eigene. Eine Behinderung hält wach. Jeden Tag wird man daran erinnert, was einem fehlt.

Lasst uns also einfach mal machen!

Und lasst uns unsere eigenen Fehler machen!

Wir wollen euch nicht mehr brauchen. Und wenn nicht, sagen wir das schon.

Leb wohl, Inklusion!

#Leichenschmaus

Bei einem Gospel-Konzert trägt der ganze Chor aus Behinderten wie Nichtbehinderten bunte Seidentücher um den Hals. In den Moderationen wird nach jedem zweiten Stück darauf hingewiesen, dass Inklusion die Welt ein Stück weit besser mache. Ich versuche, dabei nicht die Augen zu verdrehen.

Nahezu unvermeidlich gibt es gegen Ende Leonard Cohens »Halleluja«. Die erste Strophe singt ein hörbar ausgebildeter Bariton. Er macht seine Sache nicht mal schlecht. Dann tritt ein Mann vor, dessen eine Hand zittert und dessen andere kaum das Mikrofon halten kann. Mit sich überschlagender Stimme spricht er die zweite Strophe mehr, als dass er sie singt. Das Gebrochene verleiht dem Ungebrochenen einen ganz besonderen, einzigartigen Glanz.

Und mir laufen Tränen über die Wangen.

Leb weiter, Inklusion – aber such dir gefälligst einen neuen Namen!

5 // Kurswechsel

#Befehlsgewalt

Seit ich halbwegs erwachsen bin, trage ich Hemden einen Knopf zu weit offen. Da inzwischen das Zumachen lästig bis überfordernd ist, lasse ich noch einen weiteren Knopf offen und zwänge mich so hinein. Vor Kurzem nun raunte mir eine Kollegin im Fahrstuhl zu, dass sie es aufregend finde, mit so verwegenen Männern zusammenzuarbeiten. Natürlich zwinkerte ich ihr nur einmal kurz durch die Sonnenbrille zu.

Die meisten Menschen mit Behinderung sind es leid, vornehmlich über ihre Defizite definiert zu werden: dass sie dieses oder jenes nicht (mehr) können, nicht sehen, nicht hören. Dass sie vieles nicht (mehr) verstehen. Oder eben nicht (mehr) laufen können wie ich. Eine einzige Auflistung von Mängeln. Doch die Erfahrung lehrt, dass in allem zumindest eine Möglichkeit steckt. Doch um diese zu entdecken, braucht es Zeit.

Aber statt dem Ungenügen etwas entgegenzusetzen, beschreiben wir unser Leben selbst als Summe des Negativen, anstatt genau darauf stolz zu sein, was uns heraushebt. Unbemerkt übernehmen wir so den Leistungsdruck und klagen darüber, diesem nicht gewachsen zu sein. Aber wer verlangt diesen vorauseilenden Gehorsam eigentlich von uns?

Behinderte behaupten gern, nicht die eigenen Missstände zu meinen, wenn sie über die der Gesellschaft lamentieren. Aber stimmt das? Wir sehen eher, was alles *nicht* klappt, was uns vorenthalten wird, wohin wir *nicht* kommen, wer uns *nicht* für voll nimmt. Mangelnder Zugang hier, fehlende Ausbildung dort ...

Viel zu schnell und leichtfertig redet man nur noch über Teilhabe und Assistenz, über Ausgleichsleistungen und mangelnde Barrierefreiheit – kurz, man verwaltet die eigenen Behinderungen, statt diese zu gestalten. Spätestens so macht man die Defizite der Gesellschaft zu den eigenen. Diese stempeln mich doch nicht sofort als Sozialfall ab. Und ich möchte mich nicht selbst dazu machen, indem ich ununterbrochen dagegen ankämpfe.

Auf den ersten Blick wird eine Behinderung von niemandem als Bereicherung empfunden. Sie ist es auch nicht, aber es lässt sich eine aus ihr machen. Nichts auf der Welt ist nur negativ, selbst eine Behinderung nicht.

Eine Behinderung wirft einen auf sich selbst zurück. Ich brauche nicht durch eine Wüste zu schlurfen oder in einem buddhistischen Kloster verschwinden, um mich mit mir auseinanderzusetzen. Der Rollstuhl ist Anlass genug.

Mein Körper widersetzt sich dem Leistungsgedanken wie ein Linksautonomer der Polizei. Und er macht da auch keine Kompromisse. Wenn ich schon imperfekt bin, kann ich mich auch dem Diktat des Perfektionierens entziehen.

Mit Willenskraft alleine komme ich da nicht weiter. Doch wenn er so stark ist, bin ich es auch. Für Behinderte müssen andere Maßstäbe gelten. Und die widersetzen sich dem allgemeinen schneller-weiter-höher. Als ob dies die einzigen Kriterien wären, die Erfolg ausmachen.

Schließlich ist und bleibt dieser Körper ein Teil von mir, da kann er sich aufführen, wie er will. Auch wenn wir um die Befehlsgewalt noch so erbittert streiten, bleibe ich der Kapitän dieses schwer zu steuernden Kahns. Ich sage an, wo es hingehen soll. Ob er sich dem beugt oder nicht, steht auf einem anderen Blatt.

Also, was habe ich meinen Behinderungen zu verdanken?

Zu viel hat sich in meinem Leben verändert, als dass es nicht mindestens so viel Spannendes wie Nerviges darüber zu berichten gäbe. Zwangsläufig hat sich die Perspektive verschoben, wenn man seine Nase beim Zähneputzen gerade so übers Waschbecken bekommt.

So ist der Blick auf mich und andere schärfer und nachsichtiger zugleich geworden, die offensichtlichen und die versteckten Behinderungen von anderen fallen einem stärker auf. Wahrscheinlich ist das auch eine Alterserscheinung, aber verstärkt und beschleunigt durch die Behinderung.

Und ein Drittes: Mittlerweile fühle ich mich mehr bei mir als zu nichtbehinderten Zeiten. In guten wie in schlechten Tagen. Auch das eine Errungenschaft.

Dennoch bleiben Momente tiefer Trauer über den Verlust der Autonomie präsent. Die Trauer über all das, was mir die Behinderung genommen hat. Am Meer nicht mehr zu spüren, wie man mit jeder Welle ein Stück tiefer im Sand versinkt. Auftauchen und nach Luft schnappen. Einen steilen Abhang hinaufkeuchen, die Geräusche der Insekten um einen... – Genug davon! Man kann sich auch in Trauer suhlen.

Als Schriftsteller habe ich mit »Behinderung« ein Thema gefunden und davon ausgehend andere: Scham, Einsamkeit, Trost – alledem habe ich mich gestellt. Und hätte das ohne Behinderung nie getan, denn es waren auch schmerzhafte Jahre, bis ich schreiben konnte: *Ich schäme mich.*

Viele Autoren haben kein Thema, in dem sie sich so auskennen, dass sie anderen etwas mitgeben können. Zugegebenermaßen hätte ich mir diese Gegenstände nicht freiwillig ausgesucht. Gerade, weil ich davor nicht weglaufen konnte, habe ich sie nicht nur gefunden, sondern so durchdrungen, dass ich sie auch irgendwann wieder loslassen kann. Hauptsache, ich werde kein Experte, sondern bleibe ein Fragender.

Gelernt habe ich, dass meine Einschränkungen mehr aus mir gemacht haben: Ich bin viel mehr.

Ich bin ich – plus Rollstuhl.

Irgendwann kommt dann die Kollegin, die mich für verwegen hält, und wir tanzen im Kreis bis zur Ekstase. Und wir lachen... und lachen, über alle Staus und Behinderungen dieser Welt.

Wie gelingt es einem also, dass etwas freigesetzt wird durch Behinderung und nicht nur etwas verhindert oder einschränkt?

#Vollzeitautonomer

Ich bin rund um die Uhr und 365 Tage im Jahr ein Autonomer, ein Querulant, ein Störfaktor – und das nicht nur bei einer Demo. Mit Rollstuhl ist man gewohnt, irgendwo anzuecken. Mit so einem wie mir müssen sich viele beschäftigen: Städteplaner, Liftbauer, Bahnler...– Nicht, dass sie das gern machen würden, aber das ist deren Problem.

Wenn mir etwas zu viel ist, sage ich es. Ein langweiliger Vortrag, eine nicht auf den Punkt kommende Diskussion, die tausendste ermüdende Tagung über Behinderung... Wenn mir etwas zu blöd ist, dann gehe ich. Der Rollstuhl gibt mir das Recht. Zumindest wird von anderen beinahe alles akzeptiert. Ich brauche nicht einmal das Gesicht schmerzverzerrt in Falten zu legen, sondern muss nur sagen: »Ich kann nicht mehr.« Ich nehme mir die Freiheiten, die mir die Behinderung gibt, inzwischen relativ schmerzfrei.

Ich bin eine autonome Diva – davon habe ich immer geträumt.

#Hindernisprofi

Wenn ein Hindernis mich aufhält, muss ich mich dazu verhalten. Zunächst betrachtet man es von allen Seiten, laut oder leise fluchend. Das ändert zwar nichts an dessen Existenz, wirkt aber kurzfristig befreiend. (Was allerdings für die Umstehenden oder die Begleitung ganz schön anstrengend werden kann.)

Hat man das geschafft, kann man um das Hindernis herumlaufen. Das bedeutet allerdings in den meisten Fällen, einen Umweg in Kauf zu nehmen. Und in der Regel fällt dieser länger aus als zunächst gedacht. Jeder Behinderte ist ein Umleitungs- und Hindernisprofi. Doch diese Umwege stellen sich nicht selten als die interessantesten Streckenabschnitte heraus.

Oder aber man versucht, das Hindernis irgendwie aus dem Weg zu räumen. Ob mit roher Gewalt oder einer List. (Was bei körperlichen Behinderungen leider ausfällt, Gewalteinwirkung vergrößert das Problem meist nur.)

Es gibt jedoch noch eine dritte Möglichkeit, um mit einem Hindernis klarzukommen. Vielleicht ist sie sogar die eleganteste: Man ändert spontan die Richtung, korrigiert das Ziel. Und ist dafür rückblickend meistens sogar dankbar. Und wenn nicht dankbar, so schließt man in den allermeisten Fällen irgendwann Frieden mit der neuen Marschrichtung.

Unabhängig davon, wofür man sich im Einzelfall entscheidet, das Hindernis hat etwas in einem ausgelöst. Gezwungenermaßen zwar, aber immerhin. Mit welcher Haltung man das tut, ist einem freigestellt.

Auf Umwegen und neuen Pfaden lernt man Menschen kennen, die man sonst wahrscheinlich nie getroffen hätte. Auf manche dieser Begegnungen könnte man zugegebenermaßen auch verzichten, aber egal. Sie machen einen lebendig.

Eine Behinderung hält einen auf Trab. Wie oft habe ich mir, endlich angekommen, so etwas gedacht wie: Wow, du hast es bis hierher auf den Taksim-Platz in Istanbul geschafft – bei Nieselregen um den Gefrierpunkt! Max, du bist völlig verrückt. Im Februar mit Rollstuhl in die Türkei, auf dem Höhepunkt der Terrorwelle, und all das wegen der Liebe. Aber trotz allem bist du da. (Heimlich zwar, weil die in München nicht mal wissen, dass ich in Istanbul bin und mein Freund, weil er mir das Versprechen abgenommen hat, das Hotel nicht ohne ihn zu verlassen. – Die Sorgen der anderen sind oft die größte Barriere.)

Ich weiß auch nicht, warum ich mir während des Lebens ohne Behinderung einen Rollstuhl als Seniorenresidenz für alle vorgestellt hatte, die die gefährlichsten Abenteuer bereits hinter sich haben. Als würde einen der Rollstuhl vor allen weiteren Missgeschicken bewahren. Als wäre er eine Art Reiseversicherung.

Mit Rollstuhl war ich bisher in: Venedig. Nizza. Marseille. Hamburg. Berlin. Dublin. Tel Aviv. Bremen. Florenz. Jerusalem. Barcelona. Paris. Konstanz. London. Wien. Bratislava. Montpellier... Die Liste wäre ohne Rollstuhl weder viel länger, noch stünden auf ihr andere Städte. Das zeugt von Sturheit. Die Welt steht mir weiter offen. Zumindest der Teil, der mich interessiert.

An schlechten Tagen sage ich die Städte her wie ein Gebet. Sieh her, all das ist möglich. An guten reihe ich sie auf wie Perlen an einer Kette. Inzwischen ist sie so lang, dass ich immer mehr übersehe. (Ach ja, jeden Winkel von Bayern habe ich ja auch noch bereist. In einigen Städten war ich inzwischen sogar viermal oder öfter. Als wollte ich mir etwas beweisen. Und ich habe es bewiesen.

In Bewegung bleiben ist für mich das Wichtigste, trotz aller aufgezwungenen Umwege.)

#Meisterimprovisierer

Auf keiner Reise klappt alles wie geplant. Mal vergaß man mich irgendwo auf dem Weg vom Gate zum Flugzeug, mal konnte ich nur auf einer vierspurigen Straße fahren, weil der Bürgersteig gesperrt war. Gerade unter Hoteliers bestehen sehr unterschiedliche Vorstellungen davon, was »rollstuhlgerecht« heißt. Irgendwo ist immer ein Fahrstuhl gar nicht vorhanden oder leider gerade kaputt. Das versprochene Zimmer ist belegt, oder es taucht von irgendwo eine Stufe auf. In meinem Lieblingshotel in Venedig beispielsweise hat man den Treppenlift so hinter eine Stufe gebaut, dass man diesen nur betreten kann, nachdem man die Rezeption zerlegt hat.

Oder noch viel naheliegender: Am Rollstuhl selbst funktioniert etwas nicht. Ich hätte mir nicht einmal im Ansatz vorstellen können, was daran alles kaputtgehen kann: Speichen brechen, Schrauben drehen sich von selbst heraus, Fußbretter verlieren den Halt. Einmal fiel der Rollstuhl sogar komplett auseinander. Ein Freund hatte mich gerade die Stufe zu einem Lokal hochgehoben. Davor saß der betrunkene Wirt mit einem Gast. Der Freund versuchte mit einem Passanten, das Problem zu identifizieren. Währenddessen war es meine Aufgabe, die beiden Betrunkenen davon abzuhalten, mehr als schlaue Ratschläge beizusteuern. Der Passant offenbarte sich dann zum Glück als passionierter Motorradtüftler, der die versteckte und für das Unheil verantwortliche Schraube schließlich entdeckte.

Durch London kurvte ich einmal eine ganze Woche mit einem losen Rad, Gott sei Dank, ohne es zu bemerken, denn sonst hätte ich mich keinen Meter weitergewagt und wäre nicht noch ans Meer gefahren.

Irgendwas ist also immer. Im Umkehrschluss gilt aber auch:

Irgendwie geht es immer. Deshalb ist Behinderung eine ganz gute Schule fürs Leben. Und dann geht es doch, irgendwie. Mit einer Hilfskonstruktion. Mit Klebeband. Mit fremder Hilfe. Ich bin ein Meister der Improvisation.

Behinderung ist dieses Irgendwie. Das liegt nicht an mangelnder Planung, sondern ist eher der Beweis für die Unplanbarkeit des Lebens.

Eigentlich ist eine Behinderung das beste Mittel, um nicht vor der Zeit zu verkalken. Dauernd muss einem etwas einfallen, um ein unvermittelt aufgetauchtes Problem zu lösen. Behindert sein heißt, mit dem Provisorium zu leben.

Wahrscheinlich bin ich auch deswegen kein glühender Anhänger von DIN-Normen, weil sie kaum Raum für pragmatische Lösungen lassen.

Ich bin ein Bastler meiner selbst.

#Entschleuniger

Wenn ich mal wieder vor einem nicht funktionierenden Lift stehe, gäbe es auch andere Möglichkeiten, als zu schimpfen wie ein Rohrspatz: Ich könnte der Deutschen Bahn dankbar sein, mich auf den Augenblick verwiesen zu haben. Das Jetzt ist wichtiger als der Termin in der Zukunft. Eine banale Erkenntnis, auf die man hin und wieder scherzhaft oder schmerzhaft gestoßen werden muss. Dies ließe sich allerdings besser genießen, wenn es nicht immer genau dann regnen oder schneien würde. Doch eigentlich darf das kein Argument sein.

Entschleunigung ist ein Nebenprodukt von Umwegen. Alles dauert länger. Wegeplanung geht grundsätzlich davon aus, dass die Mehrheit der Menschen laufen kann. Für diese Gruppe werden in jeder U-Bahn-Station die Wege optimiert. Erfahrungsgemäss muss ich durchschnittlich mehr als den doppelten Weg zurücklegen, um vom Bahnsteig an die Oberfläche zu kommen. Dies führt dazu, dass ich ein anderes Verhältnis zur Zeit habe. Ein angespannteres, weil ich immer langsamer bin, als ich sein möchte. Diese Abweichung zwischen Vorstellung und Realität nervt beinahe täglich. Hin und wieder aber lässt es sich auch geniessen.

Bei Licht betrachtet, dauert alles länger. Das Aufstehen, das Duschen, das Abtrocknen, das Anziehen. Nun bin ich wahrscheinlich nicht der Einzige, der am Morgen herumtrödelt. Dazu kommt nun aber, dass mir das Zeitempfinden abhandengekommen ist. Mit meiner Planung liege ich immer daneben. Daraus resultiert, dass ich notorisch zu spät komme.

Eigentlich müsste man als Rollstuhlfahrer der beste Anwärter für die Erleuchtung zu Lebzeiten sein. Bei all der Verlangsamung, die einem jeden Tag aufgezwungen wird. Und dank der Erfahrungen, die man so macht. All die verborgenen Schleichwege und Hinterhöfe, die man nur so kennenlernt. Entweder man verzweifelt darüber, oder man trainiert sich eine heitere Gelassenheit an. In der Bewegungsfreiheit eingeschränkt zu sein, bedeutet also auch, im Gegenzug innere Freiheit zu erlangen. Wer wäre besser vertraut mit der Kunst des Stillsitzens als ich, selbst wenn das Haus um mich herum brennt?

#Hockenbleiber

Wieso hat Sitzenbleiben eigentlich einen so schlechten Ruf? Zuerst fallen einem als Beleg lernfaule Schüler ein. Oder die Stammgäste einer Kneipe, die auch nach der Sperrstunde nicht gehen wollen. Sitzen zu bleiben hat immer etwas Renitentes, sich Widersetzendes. Und etwas Sturköpfiges. Oder aber Erleichtertes. Dabei ist es doch auch ein Beruhigungsmittel, eine Besänftigung. »Jetzt setz dich erst mal hin«, sagt man zu jemandem, der aufgebracht ist. Sich hinsetzen entspannt. (Nur das Sitzengelassenwerden hat wohl zurecht seinen schlechten Ruf.)

Aufstehen, nachdem man sich einmal hingesetzt hat, fällt nicht nur Stammtischbesuchern schwer. Es ist mit einem symbolischen Akt verbunden. Wer aufsteht, beendet etwas, reißt auf und zerstört die Harmonie der Sitzenbleibenden. Also bleibt man hocken.

Auch Musik verlangt Sitzen, meine zumindest. Ruhe und Konzentration fällt im Sitzen leichter. Stehkonzerte waren mir immer schon suspekt. Meist ist das Zappelmusik. Es hat fast etwas Unterwürfiges, wie sie alle vor der Bühne stehen und im Takt wippen. Stehende Menschen mit vor den Oberkörper gepressten Bierflaschen haben etwas zutiefst Erbarmungswürdiges. Viele halten sich daran fest wie früher an ihren Milchfläschchen.

Trotzdem finden sich überall Warnungen vor zu langem Sitzen. »Wir sitzen zu viel« steht in jedem Gesundheitsmagazin. Und gleichzeitig heißt Sitzen: zur Ruhe zu kommen. Und das wird durchaus gefeiert.

Ob jemand steht oder sitzt, ist Teil der Botschaft. Politiker scheuen sich, im Sitzen eine Rede zu halten, das Stehen zeugt wohl von Dynamik. Wahlkampf heißt rumzustehen. Wer etwas zu verkünden hat, der steht. Auch Jesus in Aktion wird meist aufrecht gezeigt, inmitten von Menschen. Dynamisch, sprechend. Nur, als es auf das Ende zuging, saß er, bei seinem letzten Abendmahl, bevor er stehend gekreuzigt wurde.

Wer hingegen auf Darstellungen oder als Skulptur nie steht, ist Buddha. Der eine ein Aufreger, der andere ein Beruhiger. Sitzen hat auch etwas von ankommen. Wer sitzt, hat keinen Grund mehr wegzugehen. In unseren Breiten fällt das auf natürliche

Art und Weise mit der Weihnachtszeit zusammen. Kaum sitzt man so viel wie in diesen Tagen, im Kreise der Familie. Bis es allen wieder für ein Jahr damit reicht.

All das bereichert mein Leben als mobilem Dauersitzer mit. Und mehr noch: Ein Rollstuhl verbindet die Vorteile der Mobilität mit der Gelassenheit des Sitzens. Eigentlich ist man damit prädestiniert zum Propheten, zumindest zum Guru.

Zudem hat es etwas durch und durch Exzentrisches, seinen Stuhl überallhin mitzunehmen. Fast so, wie früher echte Dandys Schildkröten durch Paris spazieren führten. Selbst in einer Fußgängerzone, wo alle anderen ihre schweren Einkaufstüten tragen, nehme ich mir die Freiheit, stehen und sitzen zu bleiben, wo und wie lange ich möchte. Ich bin ein Snob auf vier Rädern.

#Kunstwerk

Ich bin ein spleeniges Gesamtkunstwerk und mein eigener Regisseur. Ich bin ein Cyborg, halb Mensch, halb Maschine. Oder etwas poetischer formuliert: Ich bin ein Kunstwerk im öffentlichen Raum. Im zugehörigen Ausstellungskatalog heißt es:

In seiner lifelong performance »Man sitting in a wheelchair« lotet Maximilian Dorner scheinbar unüberwindbare Grenzen aus. Indem er sein Leben lang auf Stehen und Gehen verzichtet, gelingt es ihm, scheinbare Selbstverständlichkeiten zu hinterfragen. Gerade aus der radikalen Ausweglosigkeit lebenslangen Sitzens bezieht »Man sitting in a wheelchair« seine Kraft. In seiner Widersprüchlichkeit aus Täter- und Opferschaft ist diese lifelong performance stummer Protest und schreiende An-

klage zugleich. Bewusst spielt der Künstler mit der Dichotomie zwischen der Immobilität des Sitzenden und der Mobilität des Rades. Die an die Sitzfläche montierten, unterschiedlich großen Räder nehmen das Motiv des Lebensrades einerseits auf und radikalisieren es auf fast dramatische Weise.

Gleichzeitig setzt der Künstler mit seiner Performance ein markantes Zeichen gegen die Hetero-Normativität des weißen Mannes. Indem er sich auf Kinderhöhe begibt, ist er es, der im buchstäblichen Sinn aufschauen muss. Und das ein Leben lang.

Indem der Künstler diese Ikonographie der Macht an scheinbar demokratisch gleichberechtigte Orte wie eine vollbesetzte S-Bahn transplantiert, entlarvt er die scheinbare Gleichheit aller Stehenden. Indem der weiße sitzende Mann als einzig Sitzender seine Macht nicht aufzugeben bereit ist, führt der Künstler diesen Machtanspruch gewissermaßen ad absurdum, indem er sich selbst auf Höhe der Geschlechtsteile der anderen begibt. Damit bestätigt er die Fixierung auf Sexualität und Geschlechtlichkeit. Er bestraft sich für die sexuelle Besessenheit in der medialen Konstruktion von Begehren, indem er nichts anderes mehr sehen kann als Hinterteile und Schöße. Das Auge wird zum Geschlecht und das Geschlecht zum Auge.

Ich bin ein Gesamtkunstwerk.

Diesen Ausstellungstext habe ich in einer morgendlichen Aufwallung für eine Comedy-Show geschrieben. Das Publikum lacht über die überdrehte Sprache. Doch eigentlich liegt die Komik darin, dass jeder Satz stimmt. Ich meine es ernst, wie jeder Komiker.

Man kann aus einer Behinderung also auch Kunst machen, sie kreativ nutzen. Wenn ich meine Ahnengalerie durchstöbere, gibt es dafür genug Beweise.

Manchmal ist die Kunst die beste Ausflucht vor der Resignation. Bei dem leidigen Thema »Kaputte Lifte« habe ich das zuletzt erfahren. Erst staute sich über Jahre ein gewaltiger Unmut an, der schließlich in einer unerfreulichen Korrespondenz mit dem Münchner Bahnhofsmanagement kulminierte. Dort stieß ich eher auf Unverständnis. Wenn ich die Schreiben richtig deute, sollte ich mich über eine Verfügbarkeitsquote des Liftes »von über 96 Prozent« freuen und mich nicht darüber beschweren, dass sie trotzdem alle zwei Wochen ausfallen. Außerdem hätte ich wohl vergessen, dass die Zufriedenheit der Kunden bei der Deutschen Bahn oberste Priorität habe. Und außerdem seien die Vandalen dabei, München zu erobern... Man muss schon ein großer Verehrer von Franz Kafka sein, um dieser Argumentation etwas abzugewinnen.

Darauf folgte die Phase, in der ich bei jedem kaputten Lift eine spitze Bemerkung auf Facebook postete. Manchmal überlegte ich länger als angemessen, schließlich wollte ich meine Leser auch unterhalten. Bis in einem Kommentar stand, dass man sich auf die nächste Liftpanne freue, denn meine Kommentare seien immer so erfrischend zornig.

Inzwischen arbeite ich an meiner ersten Fotoausstellung mit dem Titel *Außer Betrieb*. Jeder kaputte Fahrstuhl wird dafür fotografiert, verschlagwortet und das Bild archiviert. Sollte ich über den Verkauf der Fotografien irgendwann Multimillionär werden, schicke ich den Mitarbeitern des Bahnhofsmanagements einen riesigen Strauß verwelkter Rosen.

Kunst heißt, aus einer Behinderung etwas zu machen, und sei es nur das eigene Leben. Für mich heißt das: Ich muss von ihr erzählen.

Kurz nachdem ich den ersten Rollstuhl in Empfang genommen hatte, um das Jahr 2010 herum muss das gewesen sein, hatte ich die Eingebung, Tänzer werden zu wollen. Das wäre doch eine gute Ergänzung zu meinem neuen Fortbewegungsmittel. Warum es gerade klassisches Ballett sein sollte, erschließt sich mir heute nicht mehr.

Meine Ausbildung begann in der Küche und zeigte mir recht schnell das ganze Ausmaß meiner Unfähigkeit, meine Arme unabhängig voneinander zu koordinieren. Das nun hatte beileibe nichts mit der Behinderung zu tun, eher mit meiner eigenen Faulheit. Und bis zum Punkt, den Schmerz wegzulächeln, kamen wir gar nicht. So war ich auch nicht wirklich unglücklich, als mein Lehrer wenige Monate später ein Engagement in Düsseldorf bekam.

Daran musste ich erst vor Kurzem unter der Dusche denken. Da meine Schulter wieder einmal schmerzte, nahm ich mir vor, jede Bewegung wie einen Tanz auszuführen, leicht und schwerelos. Umso mehr ich mich allerdings an meine Tanzstunden erinnerte, desto klarer wurde mir, wie viel Kraft und Anstrengung gerade das Schwerelose erfordert.

So ist das wohl mit der Kunst und der Behinderung. Alles, was besonders leicht aussieht, setzt Disziplin und viele Proben voraus. Es ist eben beides gleichzeitig: anstrengend und elegant.

#Luxusprinzessin

Der Rollstuhl sichert einem eine Sonderbehandlung. Ich sollte damit nicht hadern, sondern es genießen. Bei der Fahrt ins Einwohnermeldeamt beispielsweise. Irgendjemand muss den Verantwortlichen eingeredet haben, dass Rollstuhlfahrer nach kurzer Zeit vertrocknen wie eine Primel. Sofort stürzt ein Wachmann oder eine Beamtin auf mich zu und zerrt mich aus der Schlange, vorbei an allen anderen, direkt in das Zimmer des zuständigen Sachbearbeiters.

Letztens musste ich mich sogar dafür rechtfertigen, genauso behandelt werden zu wollen wie alle anderen. Ehrlich gesagt, hatte ich mich sogar auf die Wartezeit gefreut und extra ein buddhistisches Buch eingepackt, *Die Kunst des Bogenschießens.* – Das wollte ich lesen, hin und wieder verträumt aus dem Fenster schauen, dann seufzen und sehen, dass auf der Wartetafel immer noch zehn Nummern vor mir dran wären. Aber ich hatte das Buch noch nicht einmal ausgepackt, da fuhr mich eine Dame an: »Warum sagen Sie denn nicht, dass Sie da sind?« Meine Frage, wem ich das hätte sagen sollen, hörte sie schon nicht mehr, denn sie war bereits dabei, die Sache zu regeln. Wenig später riss sie von innen eine Bürotür auf und winkte mich gebieterisch heran. Von den anderen Wartenden verabschiedete ich mich mit einem entschuldigenden Lächeln und ergab mich meinem Schicksal.

Oder am Bahnhof. Auf dem Bahnsteig drängt sich das Volk. Ich stehe etwas abseits und sehe die Panik in den Gesichtern: Ob man seinen reservierten Platz wohl findet, ob er frei ist? Ob die Waggons wieder einmal falsch gereiht sind? – Ich bin der einzig Entspannte. Denn irgendwann kommt meine persönliche Bahnbeamtin mit der Hebebühne und vertreibt alle anderen Reisenden wie lästige Fliegen.

Wenn ich dann im Zug bin und Passagiere von dem Rollstuhlplatz verscheucht habe, stellt sich Zufriedenheit ein. Es fühlt sich irgendwie auch gut und bequem an, der Einzige mit Sitzplatzgarantie zu sein. Alles eine Frage der Perspektive.

Die Letzten, die ihre Behinderung wirklich zu Kapital gemacht haben, waren die Stars der Side-Shows im ersten Drittel des 20. Jahrhunderts. Ob Siamesische Zwillinge oder der Mann ohne Unterleib, sie verdienten nicht schlecht daran, angestarrt zu werden.

Behinderung ist Überfluss. Selbst, wenn es dann doch das

Zimmer mit mäßigem Ausblick auf eine Brandschutzmauer wird.

Oder am Flughafen. Es ist im Flugzeug nicht immer leicht, sich als ägyptische Pharaonin zu fühlen, die unter den Blicken ihrer Untertanen, Schrägstrich: der anderen Fluggäste, zu ihrem Platz getragen wird, von nicht immer motivierten Mitarbeitern, Schrägstrich: ausdruckslos dreinschauenden Sklaven. Ich arbeite noch an mir, dieses Privileg gebührend und mit leicht überheblicher Selbstverständlichkeit zu genießen.

Zu Beginn meiner Lektorentätigkeit sagte mir mein Verleger, dass ich jetzt nur noch einen Spleen bräuchte, um mich im Literaturbetrieb durchzusetzen. Etwas, wodurch man sich an mich erinnern würde. Er schlug lila Socken vor oder, etwas theatralisch, medienwirksam Glas zu essen. Nun hat das Schicksal einen Rollstuhl für mich herausgesucht.

#Abschweifung

Es ist an der Zeit, über Geld zu sprechen. Irgendwann muss es ja sein. Das Thema Geld hängt mehr mit dem Thema Behinderung zusammen, als man zunächst denkt. Denn genau wie man für alles mehr Zeit einrechnen muss, braucht man auch mehr Geld. Das wird einem spätestens dann klar, wenn man zum ersten Mal die Preisliste für Rollstühle studiert. Für meinen würde ich auch ein kleines gebrauchtes Auto bekommen oder ein sündhaft übertueuertes Mountain-Bike.

Trotz der finanziellen Erleichterungen, beispielsweise beim Bahnfahren, ist das Leben mit Behinderung teurer als ohne Behinderung. Pensionen und Hostels fallen aus, billige Hotels ebenso. Und bei denen in der Mittelklasse muss ich auch, alleine reisend, das Doppelzimmer bezahlen. Denn Rollstuhlfahrer können in der Logik der Hoteliers keine Alleinreisenden sein. Oft sind es nur kleine Beträge, aber in Summe zahlt man für den gleichen Lebensstandard schätzungsweise ein Viertel mehr.

Selbst Umwege kosten im Kapitalismus mehr, weil der Weg nach der überwundenen Distanz berechnet wird. Oder die Entschleunigung, weil Zeit bekanntlich ebenfalls Geld ist. Das wäre zu verschmerzen, wenn man durch die Behinderung auch entsprechend mehr verdienen würde. Allerdings sind die in Frage kommenden Jobs meist unbezahlte Ehrenämter. Vollkommen prekär wird es, wenn man auf Assistenz angewiesen ist.

Erben oder einheiraten scheinen die einzigen Möglichkeiten, um in nennenswertem Umfang an Geld zu kommen.

Es ist übrigens kein Zufall, dass bislang weder das »Bundesteilhabegesetz« noch Neuregelungen zur Assistenz in diesem Buch auftauchten. Natürlich könnte man viele Seiten mit Schilderungen des Kafkaesken füllen, um Gelder bei dieser oder jener Behörde zu beantragen, ja am besten gleichzeitig bei beiden, mit herzlosen Bemerkungen völlig gefühlloser Beamter, von der quälenden Suche nach Assistenten, dem ganzen Irrsinn… Aber genau hiervon möchte ich wegkommen, auch um den Preis der Unvollständigkeit. Mir geht es darum, sich davon nicht bestimmen zu lassen, nicht den Blick zu verengen.

Das Lamento über diese Zustände klingt oft wie Krankengeschichten im Wartezimmer. Entweder man selbst oder eine Tante hat dasselbe, oder man nickt einfach nur betroffen und irgendwann nur noch pflichtschuldig. Aber dafür bin ich nicht der Richtige. Und ich habe keine Idee, wie man es besser machen könnte. Selbst wenn das einige für Verrat halten werden. Den Verrat eines privilegierten, reichen, überheblichen Münchners, eines Schönwetter-Behinderten. Sei's drum. Das muss und werde ich aushalten. Ich möchte aufzeigen, was Behinderung jenseits dieser Einschränkungen und Probleme noch ist. Dafür müssen wir uns erst einmal freischwimmen, sonst klappt das nicht.

Das Leben ist ein Fest. Auch das mit Rollstuhl. Da es nun diesen angeblich so tollen Champagner bei Aldi gibt, darf das keine Frage des Geldes mehr sein, sondern eine der Haltung.

#Querkopf

Als Behinderter genießt man Narrenfreiheit. Dieses Privileg nutze ich nach Strich und Faden aus. Selbst gestandene Polizisten trauen sich nicht, mich anzuhalten, wenn ich mit meinem Handbike entgegen der Fahrtrichtung durch eine Einbahnstraße brettere. Immerhin hat mein Rollstuhl auch vier Räder.

Ich fahre grundsätzlich mitten auf der Straße – vertrauend, dass jeder Autofahrer lieber eine Vollbremsung hinlegt, als einen Rollstuhlfahrer zu überfahren. Vorausgesetzt, er sieht mich. (Ja, ich weiß: Es ist nicht rebellisch, ohne Licht und schwarz gekleidet zu fahren. Es zeugt eher von Dummheit und Faulheit, dessen bin ich mir bewusst. – »Dann tu's halt endlich und laber' nicht rum«, sagt meine Schwester.)

Vor Gericht würde ich für mein notorisch gesetzeswidriges Fahrverhalten sogar eine halbwegs vernünftige Erklärung abgeben: Nur in der Straßenmitte, an der Nahtstelle der Asphaltbahnen ist die Straße halbwegs gerade.

#BehinderungistWiderstand

Behindert sein heißt, seinem Schicksal, seinem Körper, der Gesellschaft, den Dumpfbacken etwas entgegenzusetzen: Trotz oder eben das gewichtigere Argument. Behindert sein heißt, widerspenstig zu sein, es lebenslang zu üben.

Behindert sein heißt, der Straßenverkehrsordnung nicht blind zu folgen, wenn sie keinen Sinn macht. Überhaupt verlangt Behinderung, jede Ordnung erst einmal in Frage zu stellen.

Behinderung ist das Unangepasste, das Nicht-Normierte, sie ist Auflehnung gegen das Mittelmaß.

Behinderung ist Rebellion – Behinderung verhindert das Normale, ist Sand im Getriebe.

Ich möchte meinen Zorn bündeln und nicht an unnötiger Stelle verschwenden. Ich will nicht grundlos jemanden vor den Kopf stoßen, sondern entzünden, wach machen, mitreißen. *Dafür* brauchen wir unsere Energie.

Ich bin ein Freak, und das ist gut so.

Jeder Behinderte ist ein Querkopf. Das ist manchmal anstrengend für alle, aber egal.

6 // Widersprüche

> *Auch wenn wir immer in denselben Fluss steigen,*
> *fließen doch immer andere Wasser darin.*
>
> HERAKLIT

#Widersprücheerkennen

München, zwei Grad, heftiger Regen. Kurz nach sechs. Mein Büro liegt im zweiten Stock. Bereits zum fünften Mal in diesem Jahr stehe ich vor dem aus heiterem Himmel ausgefallenen Lift. Da kommt eine Kollegin vorbei, ruft mir zu: »Der zweite Lift ist ja immerhin schon beantragt!« und läuft die Treppe hinunter. Innerlich explodiere ich vor Empörung, laut rufe ich ihr ein »Schönen Feierabend!« nach. Kann es sein, dass ich mir gerade widerspreche? Schließlich kommt ein Trupp Kollegen und trägt mich hinunter. Meine ununterbrochenen Dankesbezeugungen lenken sie nur von der Schlepperei ab. Also stelle ich sie nach einem Stockwerk ein. Dennoch versuche ich, den Smalltalk wie vor einem Meeting aufrechtzuerhalten, was von außen wahrscheinlich so tragikomisch klingt wie in einer Woody Allen-Komödie.

München, weiterhin zwei Grad, Dauerregen. Einige Stunden später. Auch am Marienplatz ist ein Lift ausgefallen. Noch ein Beitrag für meine Ausstellung *Außer Betrieb*. Dumm nur, dass ich denselben Lift schon dreimal in meiner Sammlung habe. Ich werde also, wie immer in solchen Situationen, in die entgegengesetzte Richtung fahren müssen, um eine Station später umzusteigen und wieder zurückzufahren, allein: Die Brandschutztür zum Bahnsteig ist verschlossen. Ich drücke an der entsprechenden Säule den Notruf für Rollstuhlfahrer. Nach einiger Zeit meldet sich eine Frauenstimme so mürrisch, als hätte ich sie aus dem Bett geklingelt. Ich versuche, ihr das Problem zu schildern. Sie unterbricht mich: »So was kann vorkommen. Vielleicht finde ich jemanden.« Damit wirft sie mich aus der Leitung.

Erwartungsgemäß hat sie auch nach zehn Minuten niemanden gefunden. Es ist wahrscheinlich nur eine böswillige Unterstellung, dass sie gar niemanden gesucht hat. Noch einmal zu klingeln, traue ich mich nicht. Lieber ärgere ich mich über meine Feigheit: Nun bin ich über vierzig und muss darum betteln, dass mich jemand durch eine Tür lässt. Noch so ein Widerspruch. Wie der, dass mein neunjähriger Neffe inzwischen größer ist als ich im Rollstuhl, obwohl ich ihn eigentlich immer noch um drei Köpfe überragen würde. Diese Gedanken hellen meine Laune auch nicht auf.

Da das SOS-Klopfen an der Brandschutztür auch nichts ausrichtet, fange ich an, Freunde um Hilfe zu bitten. Zunächst junge starke Männer, dann werde ich wahlloser. Die Ersten, die zuhören, sind bemüht, verstehen aber kaum Deutsch. Der Zweite, ein junger Kerl, verspricht zu helfen, ward dann aber nicht mehr gesehen.

Zwischen den beiden Liftpannen war ich in den Kammerspielen bei einer Diskussionsrunde aufgetreten und hatte im Scheinwerferlicht behauptet, wie vorbildlich und feinfühlig der Umgang mit dem Thema Behinderung in München sei. Solche Halbwahrheiten lässt das Schicksal nicht ungestraft stehen.

Im Theater wurde ich als Beispiel für den gelungenen Umgang mit Behinderten beklatscht, und hier, vor der verschlossenen Brandschutztür, bin ich wieder nur ein unfreiwillig Gestrandeter. Ein Störfaktor in einer langen Reihe von Störungen der Stammstrecke.

Jeder Mensch übernimmt an einem Tag unterschiedliche Rollen, nur beißen sich meine regelmäßig. Wie ich es auch drehe und wende, sie passen nicht zusammen. Zumindest aus meiner Perspektive nicht.

München, immer noch zwei Grad, heftigerer Regen. Endlich in meinem Viertel, bin ich völlig durchnässt. Ein weißer SUV parkt so auf dem Bürgersteig, dass ich nicht vorbeikomme. Ich klopfe mit Mordgedanken an die Tür. Der Mann hinter dem Lenkrad mustert mich aus dem trockenen Innenraum. Schließlich bequemt er sich, Zentimeter für Zentimeter zurückzusetzen. Mein Tötungsimpuls ist noch einmal gestiegen, und dennoch sehe ich aus wie ein begossener Pudel.

In meiner Ohnmacht habe ich immerhin noch so viel Macht, diese Widersprüche als solche zu erkennen – und damit auch die darin verborgene Komik.

#Widersprücheaushalten

Seit Jahren werde ich gefragt, was sich mit der Behinderung denn so verändert hätte in meinem Leben. Ich antworte dann standardgemäß, dass ich mit noch mehr Widersprüchen lebe als früher. Und dass diese sich mit der Zeit nicht auflösen, sondern unversöhnlich nebeneinander stünden. Doch diese Erkenntnis löst bei meinen Zuhörern kein Staunen aus. Eher ein lahmes »Aha. Das ist alles?«. Wahrscheinlich sind Widersprüche für jeden so selbstverständlich, dass es niemanden erstaunt, dass mit Rollstuhl ein paar hinzukommen.

Wenn ich darüber nachdenke, welche Widersprüche Nichtbehinderte erleben, fallen mir als Erstes diejenigen Bekannten ein, deren größter Widerspruch die eigene Beziehung ist. Eigentlich sind sie damit nicht glücklich, im Gegenteil, aber missen möchten sie diese auch nicht. Genau wie viele Arbeitsbeziehungen, besonders die zu Vorgesetzten, von heftigen Widersprüchen geprägt sind. Hochachtung und Verachtung lassen sich nur durch die Vorsilbe voneinander zu unterscheiden. Oder man lebt an einem Ort, in einer Wohnung, die zu weit weg ist von der Arbeit, zu dunkel, zu sonst was. Oder, weniger profan: Man kann an Gott glauben und ihn gleichzeitig in Frage stellen. Wenn man genauer hinsieht, ist jedes Leben voll solcher Widersprüche, da kommt es auf die paar mehr wirklich nicht an.

Ich finde diese Erkenntnis äußerst beeindruckend. Vielleicht deswegen, weil ich sie nicht kaschieren kann – im Gegensatz zu den vielen Widersprüchen, die andere mit sich herumschleppen. Der Rollstuhl lässt sich nun mal nicht wegschminken. Allein der Versuch wirkt erbärmlich. Beim Eurovision Song Contest 2018 verpackte man die russische Sängerin mitsamt ihrem Rollstuhl in einem gigantischen Kleid. Sie sah aus wie ein schlafender Vulkan. Ihre Behinderung wurde im Versuch, diese unsichtbar zu machen, nur noch sichtbarer.

So ein Rollstuhl selbst ist ja ein fahrender Widerspruch. Stuhl und Fortbewegungsmittel. (Autos genauso, aber das fällt niemandem auf.) Es gibt kaum etwas Beständigeres als einen Stuhl und einen Tisch. Sie sind das Zeichen für Wohnen, für Ankommen, nicht für Aufbruch. Daran Räder zu montieren hat etwas sehr Rebellisches. Man könnte fast sagen: Anarchisches. Wahrscheinlich bin ich deswegen so überrascht, dass dieser Widerspruch niemandem auffällt.

Ein weiterer: Mein Leben zerfällt in eines vor und eines nach der Behinderung. Für mich ist diese ein existenzieller Einschnitt. Andere glauben genau das Gegenteil. In meinem Umfeld würden alle unisono sagen: »Nichts hat sich verändert, du bist noch derselbe Diktator wie früher. Nur, dass wir jetzt immer dich besuchen müssen. Aber das passt ja.«

Und noch einer: Der Widerspruch, der mich am meisten irritiert, ist die Gleichzeitigkeit von Schwäche und Stärke. Je mehr mich mein Körper im Stich lässt, desto souveräner gehe ich mit ihm um. Gleichermaßen haben die Hilfsbedürftigkeit wie auch die Hilfsbereitschaft zugenommen. (Wenn ich ganz ehrlich bin, ist das in vielen Fällen bloßes Wunschdenken. Empathie ist auch heute nicht meine Lieblingsdisziplin. Kleine und mittelgroße Probleme von anderen prallen an meinem robusten bis rabiaten Umgang mit Herausforderungen ab.)

Was bedeutet dann eigentlich »Widerspruch«? Es ist die Gleichzeitigkeit des Unvereinbaren. Vielleicht sind Widersprüche in echt gar keine, sondern nur sprachliche Relikte. So wie eine Orange gleichzeitig sauer und süß sein kann. Nur, weil Stärke und Schwäche scheinbar Gegensätze sind, widersprechen sie sich doch noch lange nicht.

Vielleicht geben einem Widersprüche auch erst die Kraft, dieses Leben zu meistern. Wer weiß?

#HeldOpferWiderspruch

Der größte Widerspruch in jedem Leben ist wohl der zwischen Selbst- und Fremdwahrnehmung. Damit könnte man ganze Bücher füllen, wenn man das logische Problem gelöst hat, dass sich immer nur eine der beiden Perspektiven klar wahrnehmen lässt. Diese weichen nicht nur um einen Farbton voneinander ab, sondern beißen sich sogar.

Der eine hält sich für absolut harmoniesüchtig, die anderen unterstellen ihm, jede Meinung bis zum Ende zu verteidigen.

Der eine meint, nie beleidigt zu sein, die anderen verdrehen schon beim Gedanken an die letzte Auseinandersetzung die Augen.

Und jeder weiß um die Wahrheiten des anderen und ist gleichzeitig nicht einmal bereit, ernsthaft darüber nachzudenken, ob da etwas dran sein könnte. Zugegeben: Ich hätte diese Sätze auch in der ersten Person Singular formulieren können.

Menschen sind diese Abweichungen in der Wahrnehmung so gewohnt, dass sie die eigenen Mängel achselzuckend abwinken und für nichtexistent erklären. Hat man eine Behinderung, fällt das allerdings schwer. Man weiß ja oft selbst nicht, ob man sich gerade sehr souverän oder sehr hilfsbedürftig vorkommt.

Diese Uneindeutigkeit wirkt wie eine Provokation und muss irgendwie beseitigt werden. Sonst erinnert sie die anderen zu sehr an die eigenen Widersprüche. In den Medien ist deshalb der Wunsch übermächtig, einen Menschen mit Behinderung entweder als Held oder als Opfer darzustellen. Beides gleichzeitig scheint ausgeschlossen. Dabei weiß jeder insgeheim, dass das eigentlich der Normalfall ist. Sogar Superman ist ohne sein Cape genau das Gegenteil eines Alleskönners.

Jeder Held ist ein lebender Widerspruch. Denn nach seiner heroischen Tat ist er entweder tot, oder er muss wieder zurück in die Banalität des Alltags. Irgendwann muss er auch ganz einfach mal aufs Klo. Oder aber, so löst eine medientrunkene Gesellschaft das, es werden einfach die Kameras abgeschaltet und man vergisst ihn.

Der Blick auf Behinderungen ist voller solcher kindlicher, alle Widersprüche ausblendender Erwartungen, gerade von Menschen, die sonst nicht auf Märchen stehen. Noch so ein Widerspruch.

#Nachsichtmitsichselbst

In den Nachrichten wird die Ministerpräsidentin mit Multipler Sklerose (Malu Dreyer ist gemeint, es gibt nur sie) gezeigt, wie sie etwas über die Flüchtlingsthematik sagt. Immerhin wird sie nicht nur gefilmt, wie sie gerade eine neue Behindertenwerkstatt einweiht. Obwohl das den Redakteuren wahrscheinlich lieber wäre. Frau Dreyer steht am Rand einer riesigen Konferenzhalle. Hinter ihr findet ein Parteitag statt. Das Interview zieht sich hin. Ich erinnere mich daran, wie anstrengend das Stehen irgendwann für mich war. Am liebsten würde ich ihr einen Stuhl unter den Hintern schieben. Ich traue ihr weder zu, lange zu stehen, noch, selbst zu wissen, wann sie das nicht mehr kann. Und noch schlimmer: Ich traue ihr deutlich weniger Standhaftigkeit zu als dem pausbäckigen, übergewichtigen Minister neben ihr.

Sollte mir gegenüber jemand gewagt haben, so etwas nur zu denken, hätte ich mich vor Empörung aufgeplustert. Übergriffig hätte ich das gefunden, eigentlich eine Frechheit.

Als mir das klar wird, muss ich grinsen. Mich selbst halte ich für souverän und autonom und rege mich auf, wenn jemand auf die Idee kommt, mich zu schieben. Wieder einmal hilft nur eines: Nachsicht mit allem, was Fehler macht. Also wohl zuerst mit mir selbst.

Das Schlimmste, was einem passieren kann, ist, vor einem Widerspruch zu verzagen. Vielmehr gilt es, ihn wahrzunehmen, anzunehmen und dabei biegsam zu bleiben.

Das heißt, wach zu bleiben und nicht abzustumpfen, bei sich und bei anderen. Also beispielsweise wahrzunehmen, dass gleichzeitig unglaublich viel für Menschen mit Behinderung in Bewegung geraten ist, und gleichzeitig genauso viel stockt oder sich sogar verschlechtert.

Ich für meinen Teil möchte ein fröhlicher Widerspruch sein, der mal das eine sagt und dann das Gegenteil tut und umgekehrt. Wichtig ist nur, dass man sich dessen bewusst bleibt – und hin und wieder darüber lachen kann.

7 // Hilfe

#Hilfsgeschenk

Woher kommt mir Hilfe? – Diese Frage hat es in sich. Sie taucht in Psalm 121 auf. Versuchsweise probiere ich ein paar Antworten aus. Erster Versuch: Von der Gesellschaft kommt mir Hilfe. – Nein, das geht gar nicht. Zweiter: Vom Integrationsamt kommt mir Hilfe. Fehlanzeige. Von meiner Krankenkasse? Von der Behindertenbeauftragten? Es wird immer absurder. Egal, was ich einsetze, der Satz hat etwas unglaublich Krampfiges und Bemühtes. Und er macht mich klein. Er bleibt eine Behauptung.

Im Psalm-Original lautet die Antwort: *Meine Hilfe kommt vom Herrn.* Aber auch das hat etwas Pompöses, Wichtigtuerisches, sobald man es laut sagt. Nicht ganz so bekennerhaft wäre vielleicht: Hilfe kommt vom Rettungssanitäter, vom Lawinenspürhund.

Seit es einmal drei Frauen geschafft haben, mich bei drei mickrigen Stufen auf den Hinterkopf fallen zu lassen, ist für mich das Geschlecht der Helfer oberstes Kriterium. Diese Erfahrung war so schmerzhaft, dass ich dafür in Kauf nehme, für einen Sexisten gehalten zu werden. Also frage ich immer nach »starken Männern«. Das hat den doppelten Vorteil, dass sich die Auserwählten wirklich anstrengen, und dass es den Couch-Potatoes die Möglichkeit gibt, sich für nicht zuständig zu erklären. Mir ist es lieber, weiterzufragen, als auf zweitklassige Helfer zurückgreifen zu müssen. Inzwischen behaupten jedoch immer mehr Frauen: »Ich bin eine starke Frau.« – Ich nicke und schaue mich trotzdem weiter nach Kerlen um.

Das mit der Hilfe ist eine heikle Sache, gerade wenn man auf sie angewiesen ist. Sowohl um Hilfe zu bitten, als auch Hilfe anzunehmen oder gar einzufordern. Nur darf man sich deswegen nicht verrückt machen lassen.

Die potentiellen Helfer fühlen sich regelmäßig unsicher, ob sie mir ihre Hilfe anbieten sollen oder nicht. Ich antworte darauf standardmäßig, dass ich relativ geübt darin bin, »Nein, danke« zu sagen, wenn ich diese nicht brauche.

Und bislang hat auch nur einmal jemand eindeutig »Nein« auf meine Bitte um Hilfe gesagt. Und zwar ein Trambahnfahrer, der auf seinen Einsatz mit mir bei klirrender Kälte wartete. Auf meine Frage, ob er mir helfen könne, antwortete er nur mit einem Wort: »Nein.« Danach standen wir noch fünf Minuten nebeneinander auf dem Bahnsteig. Ich wartete auf irgendeine Begründung: Bandscheibe oder Ischias. Aber nichts. Bis die Straßenbahn kam und der Kollege des Neinsagers mir half.

Manchmal gönne ich mir sogar den Luxus, einen Helfer nach Kriterien auszusuchen, die überhaupt nichts mit Qualität zu tun haben. Das heißt konkret: nur nach Aussehen. Die Voraussetzung dafür ist ausreichend Publikumsverkehr. Und selbst dann klappt es nie so wie geplant. Wie bei der Steigung, an deren Beginn ich vorhin stand. Die ersten drei Kandidaten ließ ich aus Übermut passieren, weil sie mir zu doof aussahen, den vierten, weil er eine brennende Zigarette in der Hand hielt. Und dann herrschte auf einmal Flaute, niemand kam mehr, nur noch ein Ehepaar, er eh schon schwitzend, sie hinter ihm herzeternd.

Ich war kurz davor, den Rückzug anzutreten, da tauchte ein junger Mann wie aus dem Bilderbuch auf: muskulös, braun gebrannt, weißes, wenn auch gebügeltes T-Shirt. Noch während ich ihn ansprach, nahm ich die Stöpsel in seinen Ohren wahr. Er ging weiter, ohne Notiz von mir zu nehmen. Eine korpulente ältere Frau hatte die Szene beobachtet. Umständlich stieg sie von ihrem Fahrrad ab und fragte, wie sie mir helfen könne. Ich wehrte halbherzig ab. Schließlich schob sie mich die Steigung hoch.

Hilfe ist ein Geschenk, an dem man nicht allzu sehr herummäkeln sollte. Und darum zu bitten, macht einen kein Stückchen kleiner. Selbst wenn das zunächst erfolglos bleibt.

Vor der Rampe im Sperrengeschoss des Ostbahnhofs wird man leicht für einen Bettler gehalten. Plötzlich hört einen niemand mehr, selbst wenn man Entgegenkommenden in die Augen sieht und mit fester Stimme um Hilfe bittet. Sie gehen einfach weiter. Nach dem Ersten lächelt man noch. An einem Tag ist es mir jedoch ein Dutzend Mal passiert. Da fiel das Lächeln schwer. Schließlich half mir einer mit sehr gebrochenem Deutsch von sich aus, ohne dass ich ihn vorher darum gebeten hätte.

Selbst wenn mir jetzt jemand positiven Rassismus vorwirft – An alle Deutschland-den-Deutschen-Krakeeler: Die zuvorkommendsten und hilfsbereitesten Mitbürger sprechen meiner Erfahrung nach Deutsch mit Akzent. Ihnen rufe ich zu: Keiner hilft so selbstverständlich und aufmerksam und zupackend wie ihr. Bleibt bitte alle, ohne euch geht es nicht!

Woher kommt mir nun Hilfe? Meist kommt sie aus dem Nichts.
Hilfe bleibt ein Geheimnis.

#Dankbarkeit

Mit der schwindenden Kontrolle über meine Beine habe ich ein großes Stück Autonomie verloren. Und ich muss noch mehr davon preisgeben, wenn mir jemand hilft. Anders geht es nicht. Selbst wenn man es nicht Hilfe nennt, sondern Assistenz. Es bleibt dabei, dass ein anderer Mensch etwas für mich tut. Muss ich ihr oder ihm dankbar dafür sein?

Wenn man regelmäßig auf Hilfe angewiesen ist, stellt sich die Frage fast zwangsläufig. Wie nimmt man sie an? Welchen Erwartungen an Dankbarkeit wird man gerecht? Kaum ein anderes Thema rund um Behinderung steckt so voller Rätsel und Fallstricke. Stellt man diese Frage zehn anderen Behinderten, wird man zehn unterschiedliche Antworten bekommen.

Besonders herausfordernd ist es, Hilfe abzulehnen, ohne jemanden vor den Kopf zu stoßen, der nur helfen möchte. Und wie geht man damit um, dass das für einen selbst nichts Spektakuläres ist, für den Helfer aber ein außergewöhnlicher Akt?

Sehr oft kommt jemand auf mich zu, wenn ich gerade mein Handbike am Rollstuhl festschnalle. Ich brauche für diesen Vorgang vielleicht zwanzig Sekunden und vollziehe ihn am Tag mindestens sechsmal. Nun ist mir durchaus bewusst, dass es von außen so aussieht, als hätte ich ein größeres Problem und bräuchte Hilfe. Netterweise bieten viele Menschen diese spontan an. Nach dem dritten Mal in Folge verliert das »Nein, danke« jedoch an Herzlichkeit. Jedes Mal ermahne ich mich zu mehr Nachsicht. Denn ich möchte auf keinen Fall riskieren, dass der potentielle Helfer dem nächsten Rollstuhlfahrer nicht hilft, bloß wegen einer enttäuschenden Erfahrung mit mir.

Lieber also einmal zu oft »Danke« gesagt als einmal zu wenig. Mir bricht dadurch kein Zacken aus der Krone.

Und wenn ich einen Tag Revue passieren lasse, ist mir deutlich wohler, wenn ich fünf solche Begegnungen hatte als fünf Enttäuschungen, dass mir niemand geholfen hat. Kurz und gut, der Hilfenehmer hat es in der Hand, das zu gestalten. Und was immer hilft, ist Klarheit der oder dem Helfenden gegenüber.

Sie brauchen ganz dringend den Eindruck vermittelt, dass man als Hilfenehmer Bescheid weiß und die Lage unter Kontrolle hat. Ohne klare Anweisungen sind die Helfenden verloren. Ein Mann, der mich einmal schwitzend eine Altstadt-Treppe in Jerusalem mit hinuntergeschleppt hatte, sagte anschließend zu mir: »Wenn Sie nicht so klare Anweisungen gegeben hätten, hätte ich das nie geschafft.«

Er war mir dafür dankbarer als ich ihm.

#Gesellschaftspflichten

Eine auf das Thema Hilfeleistungen spezialisierte Juristin möchte mich überreden, ein neues Handbike beim Integrationsamt zu beantragen. Mein ablehnend griesgrämiges Gesicht stachelt sie nur noch mehr an. Schon die Idee ist mir äußerst unangenehm. Die Juristin fragt, warum ich mich denn so ziere. Es sei doch schlicht dumm, die herabhängenden Trauben nicht zu verspeisen. Ich schüttle abermals den Kopf. Sie hält mich nun für einen Snob, der Hilfe einfach ausschlägt. Und sie lässt mich deutlich spüren, was sie von meiner Luxusherablassung hält: gar nichts.

Definitiv werde ich kein Handbike beim Integrationsamt beantragen. Die Begründung bin ich der Juristin allerdings schuldig geblieben. Wahrscheinlich aus Sorge, wir würden uns sonst in die Haare bekommen. Wahrscheinlich hätte sie meine Begründung sogar als Angriff missverstanden. Denn ich bin ganz und gar nicht der Meinung, dass mir hier etwas zustehen würde, im Gegenteil.

Nein, »die Gesellschaft« ist nicht verantwortlich für meine Behinderung und muss deswegen auch keine Kompensation zur Verfügung stellen. Ich habe sie weder beim Kampf ums Vaterland erworben, noch bei einem Polizeieinsatz. Ich habe auch nicht als Feuerwehrhauptmann einen Brand gelöscht. Warum sollte ich also irgendein Anrecht auf etwas haben? Worauf ich mich verlassen möchte, ist lediglich die stillschweigende Vereinbarung, dass die Stärkeren den Schwächeren helfen. Und dass ihnen geholfen wird, wenn sie wiederum selbst einmal schwach sind.

Das heißt für mich, sorgsam mit der gewährten Hilfe umzugehen und nur dann darauf zurückzugreifen, wenn ich sie unabdingbar brauche.

Die Haltung hinter Aussagen wie »Denen darfst du keinen Cent schenken« und »Das steht dir zu« macht einen klein. Verzwergt einen zum Almosenempfänger. Nun wird mir garantiert mit Empörung ein Dutzend Fälle hingeblättert, bei denen jemand einen berechtigten Anspruch nicht geltend machen könne. Das sei sogar die Regel. Immer ist das mit Kränkungen verbunden. Ich kann mir ausmalen, was das mit mir machen würde.

Aber dennoch, ich mag nicht alles in Anspruch nehmen, worauf ich ein Anrecht habe. Weder die Kranken- noch die Rentenkasse brauchen bestraft zu werden, indem ich erst mal alles beantrage, was irgend möglich wäre. Ich möchte mich nicht auf meiner Behinderung ausruhen. Genau so, wie es ein Recht auf etwas gibt, gibt es auch ein Recht darauf, dies nicht in Anspruch zu nehmen.

Solange ich mich selbst versorgen kann, werde ich dies nach besten Kräften tun. Man kann Hilfe nicht im Voraus sammeln, für schlechtere Tage. Und ja, ich möchte darüber selbst entscheiden. Ich bin ein autonomer Behinderter.

Wer die Solidarität der anderen einfordert, sollte sie denen gegenüber praktizieren, die es notwendiger haben. Da die Ressourcen beschränkt sind, heißt das, sich als Behinderter vom Kuchen nur das zu nehmen, was man zum Überleben braucht, damit für die noch Behinderteren genug übrig bleibt.

Sollte der Kuchen nicht für alle reichen, lasst uns nach mehr schreien, gemeinsam! (Wobei wir uns nichts vormachen sollten: Wir haben die schwächsten Stimmen und sind die ungeübtesten Rebellen. Aber das darf uns nicht abhalten.)

Und noch etwas: Warum sollte ich mich nicht darüber freuen, eine Steigung aus eigener Kraft geschafft zu haben? Warum sollte ich auf die Befriedigung verzichten, mir selbst etwas erarbeitet zu haben?

Ich möchte so viel Verantwortung für mich übernehmen wie nur irgendwie möglich.

Gut gebrüllt, lahmer Löwe!

#Helferschwächen

Eine Unterhaltung mit der Leiterin einer Behindertenwerkstatt lässt mich völlig konsterniert zurück. Nicht nur, dass sie ihre Mitarbeiter vorstellte, als wären diese nicht fähig, ihren Namen selbst zu sagen. Nein, sie signalisierte auch deutlich, dass sie über alles in der Gruppe zu entscheiden hätte. Und dass ihr an Unabhängigkeit nicht viel läge, denn wenn Einzelne Entscheidungsfähigkeit bekämen, würde das nur Unruhe verbreiten. Ich hätte mir vorher nicht vorstellen können, was es noch an Übergriffigkeit gibt, trotz aller Behindertenemanzipation.

Ist meine Empörung nicht ein bisschen wohlfeil? Schließlich lebt diese Werkstattleiterin schon länger mit dieser Gruppe als die meisten ihrer Mitglieder. Kein Wunder, dass diese Erfahrung sie ebenso verformt hat, wie sie selbst nun die Gruppe formen möchte.

Viel zu schnell meint man, besser zu wissen, wie jemand tickt, als der Betreffende selbst. Ob nun in einer Beziehung, in der Familie oder bei Freunden. Das gehört irgendwie zum Leben dazu und sollte einen nicht groß aufregen. Meist liegt man sogar richtig mit seinen Vermutungen, manchmal daneben. Geschenkt.

Was aber macht das mit einem Menschen, wenn er weiß oder sich einbildet, dass jemand anderes auf ihn angewiesen ist? Vielleicht ist es gar nicht möglich, sich auf lange Zeit abzugrenzen, wenn man das nicht regelmäßig mit diesem Menschen und vor allem sich selbst bespricht. Von außen wirkt dann übergriffig, was aus der Perspektive des Helfenden ganz selbstverständlich erscheint. Die Übernahme von Verantwortung bläht das Ich auf. Auch vielen Eltern fällt es schwer zu akzeptieren, dass ihr »Wir« nur eine provisorische Hilfskonstruktion bis zur Volljährigkeit ist.

Problematisch wird es, wenn andere für mich entscheiden. Wie die ältere Dame, die am Hauptbahnhof gegen meinen Einspruch beschließt, mich zu schieben. Das »Nein, danke« überhörte sie einfach, klatschte mir stattdessen ihre Handtasche in den Schoß und zuckelte los.

Übergriffigkeit ist ein weitverbreitetes Phänomen. Gerade dann, wenn die Adressaten nicht sagen oder sonstwie deutlich machen können, dass sie etwas nicht wollen.

Es fehlt die Gelegenheit, über so etwas zu sprechen, ohne dass sich sofort jemand verletzt fühlt. Kaum jemand ist so schnell enttäuscht wie Helfer. Und fühlen sich oftmals nicht ausreichend gewürdigt. Dankbarkeit wird gleichzeitig abgelehnt wie erwartet.

#Hilfsbuddhismus

Bevor ich den Lift erreiche, muss ich abbremsen. Ein Pärchen kreuzt den Weg. Er ein hübscher und sich seines Aussehens voll bewusster Südländer. Sie die Begleiterin eines solchen Mannes wie aus dem Katalog. Natürlich nimmt er mich nicht einmal wahr, kein Blick, geschweige denn von seiner frisch erblondeten Freundin.

Er hat den Zugang zum Lift schon fast passiert, da drückt er, ohne seine Geschwindigkeit nur um ein Jota zu ändern, den Knopf, um für mich den Lift zu rufen. Und geht weiter, lässig und selbstbewusst. Ohne jeden Blick, ohne jede Erwartung von Dankbarkeit.

Hilfe ist da. Das ist das Wunder. Und es wächst auf kargem Boden besonders gut.

Als Nebenwirkung führt dies zu einer entspannten Gelassenheit, um die mich manche beneiden. Dabei kann ich mich gar nicht so oft aufregen, wie etwas schiefläuft – und dann doch irgendwie funktioniert. Dieses Vertrauen entsteht. Irgendwann kommt dann schon jemand, der einem hilft. Blöd ist es eigentlich immer nur dann, wenn es aus Kübeln schüttet.

Meist läuft es so, wie heute mit dem kaputten Handbike. Erst zerlegte es der Hausmeister. Doch ihm fehlten sowohl weiteres Werkzeug als auch passende Ersatzteile. Und da geschah es. Der erste Nachbar hat eine Bohrmaschine mit dem richtigen Aufsatz, der nächste bringt die passenden Schrauben und der dritte steuert ein paar schlaue Ratschläge bei.

Hilfe ist ein Wunder.

#KantfürNichtbehinderte

Ihr Nichtbehinderten!

Beherzigt die grundlegendste Maxime des Miteinander: Hilf einem Behinderten immer so, wie du willst, dass dir geholfen wird. Ich beispielsweise habe überhaupt nichts dagegen, wenn mir jemand die Tür aufhält, auch wenn ich sie alleine aufbekäme.

Und wenn die Tür nicht allzu schwer ist, halte ich sie euch auch gerne auf, wenn ihr mit voll beladenen Einkaufstüten daherkommt. Das gibt mir fast mehr, als wenn ich sie aufgehalten bekomme.

8 // Rebellion

#Wutbehinderter

»Nun mal Butter bei die Fische«, sagt Anne. »Du musst doch verdammt wütend sein auf das Schicksal.« Eigentlich sagt sie das bei jedem unserer Treffen. Und das, obwohl sie weiß, wie bockig ich bei »Du musst«-Sätzen werde.

Doch an diesem Tag bin ich friedlich gestimmt, lege nur den Kopf schief und frage scheinheilig: »Worauf sollte ich denn wütend sein, meine Liebe? Kein Schnee, nirgends. Und der Fahrstuhl am Rosenheimer Platz funktioniert schon eine ganze Woche lang tadellos.«

»Siehst du!«, entgegnet sie. »So ein Rollstuhl, das ist doch Mist. Mit deiner Behinderung, da musst du irgendwann platzen vor lauter Wut. Peng!«

Ihre Augen leuchten, als sie das sagt. Ich nicke möglichst unverbindlich, insgeheim froh, dass Anne nun alles Wesentliche zu dem Thema gesagt hat. Ich muss mir die Hände nicht schmutzig machen mit irgendwelchen Tiraden. (Gibt es irgendwen, der schimpfend eine gute Figur macht? Und das scheint unabhängig davon, wie viel Recht derjenige hat.)

»Ach«, sage ich, möglichst unbestimmt. Doch Anne schüttelt nur unwillig den Kopf. Sie ist meine Widerspenstigkeit leid.

Wie oft haben wir diese kleine Szene in den letzten Jahren geprobt? Jedes Mal war ich stolz darauf, ihr nicht das Gewünschte gegeben zu haben. Wenigstens ein zorniges »Ja« hätte ich mir abtrotzen können.

Bei dem Wort »Wut« denke ich an die ältere Obdachlose mit fettigen Haaren, die im Zwischengeschoss unter dem Marienplatz manchmal neben einem überquellenden Abfalleimer sitzt und vor sich hin schimpft: »Der ganze Dreck da, des san alles die Preiß'n und die Ausländer.«

Wahrscheinlich verdanke ich dieser Dame den Hang, mich von Wutbürgern aller Couleur zu distanzieren: von der Hausfrau, die gegen Stuttgart21 anschwäbelt und dabei wild auf einen Kochtopf einschlägt, bis zu dem stiernackigen Grantler am Stammtisch und den Montagskrakeelern in Dresden.

Blinde Wut macht sich gerade überall breit, auch und gerade in politischen Debatten. Diese Wut ist wie billiger Wodka aus dem Discounter: Man wird zwar betrunken, aber ohne jeden Stil und Anstand. Und der Kater ist vorprogrammiert.

Wenn man in die verkniffenen Augen der Menschen schaut, erkennt man, was für eine süße Droge dieser billige Zorn ist. Meist artikuliert er sich in Lautstärke. Den Mitschreiern bereitet es eine unbändige Lust, sich dem hemmungslos hinzugeben, am besten in Gemeinschaft. Irgendwann erkaltet die Wut dann zu echtem Hass.

Nein, das ist nichts für mich. Während ich origamihaft die Rechnung zusammenfalte, räuspert sich Anne. So einfach möchte sie mich heute nicht davonkommen lassen, ihr geht es nicht um Stuttgart oder Dresden: »Dich will ich, deinen Edel-Zorn!«

Wo ist meine Wut, wenn man sie mal braucht? Ich würde sie ja gerne auf Wunsch vorführen – wie einen furchteinflößenden Löwen, der mir gehorcht wie ein gut erzogenes Hündchen.

»Ich weiß nicht«, versuche ich es noch einmal. »Wut, das klingt so nach Wackersdorf oder 35-Stunden-Woche, irgendwie ist das doch letztes Jahrtausend.«

»Letztens klang das ganz anders, als dein Lieblingslift kaputt war. Also her damit!«, fordert sie ein drittes Mal. Plötzlich begreife ich, dass sie wütende Männer attraktiver findet als tiefenentspannte Yoga-Lehrer. Zornige junge Männer – und Frauen – können ganz schön sexy sein in ihrer Empörung. Es geht also doch, wütend zu sein und dabei gut auszusehen?

Außerdem liegt mir viel daran, dass niemand mich für einen sich unablässig beschwerenden Behinderten vom alten Schlag hält. Einer mit mindestens drei am Rollstuhl hängenden Jutebeuteln mit flotten Sprüchen der ortsansässigen Apotheke. Alles muss immer praktisch sein. Diese Verengung auf Funktionalität ist mir seit Jahren ein Dorn im Auge. Als zählte nichts anderes. Dabei ist nicht nur wichtig, ob jemand im Rollstuhl sitzt, sondern *wie*. Ersterem bin ich ausgeliefert. Das andere kann ich ändern oder umgestalten. Design und Mode sollte man nicht als oberflächlich abtun, damit manifestiert sich immer auch eine Haltung. Es zeigt, wie ernst man sich nimmt und wie ernst man genommen werden möchte. Man muss die Geschmacklosigkeit eines Sanitätshausrollstuhls nicht auch noch mit geschmacklosem Stil überbieten. – Da ist er ja, mein Zorn! Das wird Anne gefallen, vielleicht aber auch nicht, denn meine Empörung hat etwas Dandyhaftes, sie ist nicht ganz echt. Und zu durchschaubar ein Ablenkungsmanöver.

Wenn ich aufrichtig in mich hineinhorche, gluckert es irgendwo. Vielleicht ist die verborgene Wut sogar der Motor, der alles am Laufen hält. Doch ich bleibe Dritten gegenüber dabei, nichts davon zu zeigen. Denn Wut hat keinen überzeugenden Wirkungsgrad. Und sie lässt sich kaum steuern.

Ich verabschiede mich von Anne, klemme mir eine rot leuchtende Fahrradlampe an das Revers meiner Lederjacke und breche auf. Kaum bin ich um die erste Ecke, ist die Erinnerung an meinen letzten Wutausbruch peinlich präsent.

Ein paar Tage zuvor hatte ich, wüst und laut fluchend, mit heißen Tränen in den Augen, auf die widerborstigen Beine eingeschlagen. (Auch das gehört dazu: dass mir niemand lautes Fluchen zutraut…) Vor mir auf dem Boden die Hose, darin die Unterhose, in der sich ein Zeh verhakt hatte. Nachdem dieses Problem schließlich gelöst worden war, tat sich gleich das nächste auf. Als ich versuchte, erneut unflätig fluchend, mit den Zähnen einen Knoten in den Schnürsenkeln aufzubekommen, während die eine Hand das abgewinkelte Bein auf dem Oberschenkel hielt und die andere den Greifring des Rollstuhls umklammerte.

Manchmal hasse ich meinen Körper so ungestüm, dass ich ihm Schmerzen zufügen möchte. Und weiß doch gleichzeitig, dass ich anschließend selbst dafür bezahle: Mit Narben, mit Verbänden, mit Reue und Scham über den eigenen Ausbruch. Dennoch will ich in solchen Momenten manchmal Blut sehen, fantasiere von Schmerzen und rot spritzenden Fontänen. Und wenn ein Zeh dann wirklich umknickt oder ein heftiger Kratzer vorwurfsvoll vor sich hin blutet, dann trete ich vor Wut über die Wut auch noch nach.

Diese zitternden Beine, diese sich auf der Tastatur wie Bauerntölpel gebärdenden Finger. Diese völlig unfähige, zu nichts zu gebrauchende Blase. Ich hasse euch!

In solchen Augenblicken träume ich von einer Motorsäge, um mir damit die Beine abzuschneiden. Beim Anblick des pulsierenden Blutes würde ich jedoch nur ohnmächtig werden. Solche Wutausbrüche sind wohl nichts als ein Strohfeuer. Dann doch lieber ein umgeknickter Zeh.

In mir arbeitet es. Beim Aufsperren der Wohnungstür fallen mir meine Mordfantasien wieder ein, als letztens wieder einmal der Fahrstuhl zur S-Bahn ausgefallen war. Ich stellte mir den Schrei des hinuntergestürzten Mechanikers in allen Details vor. Jemand war ihm in den Rücken gefahren, während er am Boden kniend seine Pflicht tat. Da ist sie doch, meine Wut. Roh und ungeschliffen. Und vor Blut triefend: Denn unten in dem Schacht sind in meiner Vorstellung gespitzte Holzspieße angebracht… Meinte Anne *das* alles?

Was ich mir für mich wünsche, ist aber nicht die aufbrausende Wut, sondern eine klarsichtige und verbindliche Kälte, gerade noch freundlich und doch sehr bestimmt. Jeder Kontrollverlust würde bedeuten, dass mir die Behinderung auch hier das Ruder aus der Hand nimmt.

Wut alleine reicht nicht, man muss gleichzeitig einen Plan haben, was man mit ihr anstellen kann. Immerhin bin ich nun so weit, mich ihr zu stellen. Selbst wenn ich noch nicht bereit bin, dies gegenüber einer Freundin einzugestehen.

#Absichtserklärung

Also was jetzt? Sitzblockaden vor dem zugigen Nebeneingang des Sozialministeriums, mit Textilfarbe bepinselte Bettlaken voller Anklagen in der zittrigen Hand? Eine neue Facebook-Gruppe? Alles, nur nicht noch eine Arbeitsgruppe, nicht noch ein Aktionsplan. Nicht noch mehr Gerede über Selbstverständliches, wie: »Alle gehören dazu«, »Jeder ist behindert«, »Die Gesellschaft muss mehr für Menschen mit Lernschwierigkeiten tun«… Durch das ewige Wiederkäuen werden die Forderungen nicht appetitlicher, sondern bugsieren das Thema Behinderung zurück ins fahle Licht eines Novembermorgens. Wer im Scheinwerferlicht spielen möchte, muss auch etwas für die Bühne zu bieten haben.

Ich will mehr. Ich will die Rebellion, mindestens! »Ach, wirklich?«, fragt eine Stimme in mir spitz. »Ausgerechnet du, ein Rebell, eingesperrt in den Körper eines Großvaters, mit dem Harmoniebedürfnis eines Schwiegersohnes. Wenn du eine Barrikade baust, dann doch bloß eine aus Zucker- und Salzstreuern auf dem Tisch deines Stammcafés.«

Na und, dann werde ich eben ein Caféhausrebell, entgegne ich mir selbst. Auf die Haltung kommt es an, mit der man seinen Cappuccino trinkt. Außerdem brauche ich, um in umstürzlerische Stimmung zu kommen, erst mal eine Stunde Gequatsche über Gott und die nichtbehinderte Welt. Und zu allem Überfluss muss mir mein Gegenüber auch noch sympathisch sein, sonst wird das nichts. In leuchtenden Farben erkläre ich anschließend gerne, warum und wozu die Rebellion.

Rebellion braucht Empörung und Aufgeregtheit, die damit einhergehende Engstirnigkeit. Der Rebell kann nicht für alle Verständnis haben, sonst verliert er sein Anliegen aus dem Blick. Einigen Heiligen ist es bei aller Heiligkeit gelungen, ihren Zorn zu bewahren, ohne damit andere oder sich selbst zu verletzen.

Fragt sich nur, mit welcher Haltung man die Rebellion idealerweise angeht. Ein Hoch auf die Damen und Herren, die beim Untergang der Titanic erst mal eine Tasse Tee getrunken haben, statt panisch herumzuschreien!

Was könnte Rebellion bedeuten, wenn man sie ernst nähme? Radikaler Widerstand. – Das klingt schon mal nach was. »Ja« zu sagen, *für* etwas zu stehen und nicht ausschließlich *anti* zu sein.

Als erfolgreicher Rebell sollte man sich nicht unter Druck setzen lassen. Die rebellische Freiheit liegt doch gerade darin, den Erwartungen zu widersprechen. Die Generation vor mir hat das Rebellische nach meinem Geschmack etwas zu verbissen verinnerlicht. Selbst auf der Barrikade kann man Bella figura machen, zumindest ist das so auf den Gemälden der Französischen Revolution. Wie Coco Chanel schon sagte, dürfe man ungeschminkt nicht mal den Müll runterbringen. Geschweige denn eine Rebellion anzetteln.

Beim Thema Behinderung wird es künftig nicht mehr nur um Praktikabilität und Zweckmässigkeit gehen können, sondern genauso um Erscheinung, um Performance. *Form follows function* hieß es bei den Bauhäuslern, aber ohne *form* ist auch die *function* nichts.

Ich ahne, dass das nicht ganz einfach wird mit dem Widerstand, wenn es keinen klar benennbaren Feind gibt. Wir werden gegen Dummheit kämpfen müssen, gegen Hirne auf Standby, gegen unsichtbare Fallen. Und es wird nicht funktionieren, ohne Sympathien aufs Spiel zu setzen, ohne ein paar Sympathisanten vor den Kopf zu stoßen.

Ich sollte bei meinem renitenten Körper in die Lehre gehen, denn ich bin viel angepasster als meine eigene Behinderung. Der Körper macht mir täglich vor, wie man rebelliert, wie man sich widersetzt, wie man jemanden zermürbt. Er könnte mir die Unbedingtheit beibringen, die es für eine Rebellion braucht.

Dieser eigensinnige Körper lässt sich nicht von seiner Mission abbringen. Weder durch Zureden noch durch Strafe. Weder von Kortisoninfusionen noch von Reiki-Sitzungen. Er ist störrisch wie der konservativste Esel. Er ist ein Vorzeigerebell.

Er hält sich an keine Normen, erfüllt keine Vorgaben. Die Grenzen des guten Geschmacks sind ihm völlig egal. Nachsichtigkeit und Angemessenheit liegen ihm nicht. Störrisch muss man sein, um eine Rebellion auf Dauer durchzuziehen. Dieser Körper fordert absolute Gefolgschaft ein. Er duldet höchstens, dass ich hin und wieder ein ironisches Buch über ihn schreibe. Eigentlich aber versteht er keinen Spaß. Wie die meisten Revolutionäre erträgt er Witzeleien auf seine Kosten nicht.

Kurz und gut, ich müsste eigentlich wissen, wie man rebelliert. Nun muss ich dieses Wissen nur noch umsetzen.

Rebellion heißt: den eigenen Schutzraum verlassen. Die Wagenburg aufgeben. Und weiter? Man muss über seinen Tellerrand schauen, aber nicht zu weit.

Man muss mit dem Unvorhergesehenen rechnen. Rebellion hat auch etwas Spontanes, man kann sie nicht jahrelang planen, eine Revolution muss sich ergeben.

Und man muss Gleichgesinnte finden. Denn alleine ist es noch keine Rebellion, also raus jetzt ins Café!

Anne, die Freundin, die schon länger als ich auf einen Wutausbruch von mir wartet, lächelt erleichtert, nachdem ich ihr noch etwas wirr von meinen rebellischen Plänen berichtet habe. Schließlich sagt sie:

»Weißt du, an wen du mich gerade erinnerst? An Till Eulenspiegel.«

#Manifestentwurf

Was es als Erstes braucht, ist ein Bekenntnis, irgendwas Flugblatttaugliches. Etwas, worauf man sich bei Wind und Wetter verlassen kann. Kurz, ein Manifest.

Mit einer Kanne grünem Tee setze ich mich an den Schreibtisch. Wenn ich mich in meiner Wohnung so umschaue, finde ich überhaupt nichts Rebellisches. Keine Poster, keine überquellenden Aschenbecher, kein Megafon neben dem ungemachten Bett. Nur der erwähnte Stich von Sarah Bernhardt. – Alles andere wäre längst überkommener Protestkitsch. Die Rebellion von heute sieht anders aus.

Die erste Fassung also:

1. Ich fordere die Abschaffung aller Behindertenbeiräte. Und die sofortige Neugründung als Behindertenräte. Nicht mehr andere beraten, sondern endlich selbst entscheiden!
2. Ich fordere das Ende von ausschweifenden Diskussionen über Barrierefreiheit, solange am Tisch nur Menschen mit Behinderung sitzen. (Jeder, der in einer Besprechung sagt: »Man müsste«, muss einen Fünfer in ein Sparschwein stecken. Mit dem Geld kaufen wir uns dann einen Maserati, den nie jemand fährt, weil uns allen die Sitze zu tief sind.)
3. Ich fordere, jede Diskussion über die UN-Behindertenrechtskonvention mit einem schlechten Witz zu beginnen. Ach was, ein Moratorium muss her! Sie wird mit sofortiger Wirkung ausgesetzt und tritt erst dann wieder in Kraft, wenn sie jemand wirklich vermissen sollte.
4. Ich fordere die Abschaffung aller DIN-Normen, damit Architekten und Planer gezwungen sind, ihr Hirn einzuschalten, ohne sich hinter irgendwelchen abstrusen Verordnungen verschanzen zu können.
5. Ich fordere ein Daheimbleibeverbot für alle Behinderten an Tagen mit blauem Himmel.
6. Lasst uns das leere Gerede über Behinderung abstreifen wie ein Schmetterling sein Raupenkostüm!
7. Ich fordere, dass rollstuhlgerechte Hotelzimmer nicht mehr die sind mit dem schlechtesten Ausblick am Ende eines Ganges, belegt mit einem dicken Teppich. (Hey, ihr Innenarchitekten, eure Gründe hierfür interessieren mich nicht.)
8. Ich fordere das Verbot von bunten Farben an den Wänden von Behinderten-Einrichtungen. Auch schwerbehinderte Kinder werden einmal erwachsen. Ästhetische Bildung kann gar nicht früh genug beginnen.
9. Ich fordere eine Extraportion Pragmatismus und Lust auf Improvisation für alle Organisationen.
10. Löst alle Arbeitsgruppen zur Barrierefreiheit auf und macht in der Zeit was Sinnvolles! Baut eine Rampe oder lasst es bleiben, aber

redet nicht dauernd darüber! Oder macht an der Volkshochschule einen Anfängerkurs in Fahrstuhlreparatur, wahrscheinlich ist das interessanter.

Diese Forderungen sind umzusetzen, ohne in der Zivilbevölkerung Aufmerksamkeit zu erregen. Dies setzt voraus, cleverer zu sein als die Nichtbehinderten – und schneller im Denken. Es gilt, sie mit Mitleid zu narkotisieren und dann nach Strich und Faden auszunehmen. Bevor sie auch nur gemerkt haben, wie ernst die Lage ist. Und solange sie den Gegner unterschätzen. Weil sie in ihrem Hochmut nicht einmal darauf kommen würden, uns als ihren neuen Feind zu erkennen.

(Ach ja, und alle, die beim Verlesen dieses Manifestes geklatscht haben, und sei es nur, weil sie jede Rebellion anregend finden, gehören zu uns – völlig egal, welche Einschränkungen sie haben oder nicht.)

#Stresstest

Die erste Bewährungsprobe für das Manifest findet in einem Hotel für Blinde an der Ostsee statt. Auf meine Bitte hin trifft sich eine Runde diskussionsgestählter Aktivisten vor dem Abendessen im Veranstaltungssaal, während die Sehenden an der Promenade in der Frühlingssonne lustwandeln. Schließlich kommen wir auf zehn Blinde und mich. Nicht schlecht für die erste konspirative Sitzung.

Man lauscht zunächst wohlwollend, dann zunehmend kopfschüttelnd der ersten Manifest-Fassung. Doch selbst diese Skepsis ist getränkt mit der Nachsicht gegenüber den Schrullen eines Künstlers. Einzig die Forderung nach Abschaffung aller DIN-Normen fällt krachend durch. Die Anwesenden haben zu viele

Schildbürgerstreiche erlebt, um noch an den gesunden Menschenverstand zu glauben.

Einer der Blinden erzählt, dass er einmal von Architekten zum Neubau eines geplanten Messezentrums gebeten wurde. Stolz präsentierten die Planer ihm das Blindenleitsystem vom Parkplatz zum Veranstaltungsraum. Er musste ihnen wie störrischen Grundschülern erklären, dass Blinde selten allein mit dem Auto zur Messe führen. Von der Bushaltestelle war keines geplant.

Man müsse nachsichtig sein, wirft eine Dame mit rotem Schal ein. Alle nicken zustimmend.

Statt der Abschaffung der DIN-Normen solle ich doch besser deren Einklagbarkeit fordern, so wie in den USA, mit unverhältnismäßig hohen Strafzahlungen, sagt einer, nur das würde etwas ändern. Außerdem, fügt ein anderer an, haben schon die Sehbehinderten Schwierigkeiten, sich in die Welt eines vollkommen Blinden zu versetzen. Sehende seien damit komplett überfordert.

»Komplexes Denken ist nicht gerade *en vogue*«, sagt die Dame mit dem roten Schal.

Sie haben mich bald überzeugt. Die Abschaffung der DIN-Normen würde nur zu noch mehr Verkrampfung führen und nicht zum Mut, sich des eigenen Verstandes zu bedienen, wie ursprünglich von mir beabsichtigt.

Am Abend im Hotelbett grinse ich wie ein Honigkuchenpferd, trotz der störrisch aus dem Bett baumelnden Beine. Dass ein Rollstuhlfahrer aus München mit zehn Blinden an der Ostsee über die Forderungen einer nebulösen Rebellion diskutiert, in einer zivilisierten Diskussion, in der auch ohne Versammlungsleiter jeder zu Wort kommt, beweist, dass diese bereits in vollem Gange ist.

#Fortschreibung

Ein paar Wochen später fahre ich nach Berlin, um den bereits erwähnten Empfang mit dem Bundespräsidenten zu moderieren. Um die Organisatoren nicht noch nervöser zu machen, verzichte ich auf mein Manifest. Besser gesagt, ich drucke es aus und stecke den Zettel in die Innentasche meines Jacketts. Man weiß ja nie.

Da bleibt das Manifest dann auch, bis zum Treffen mit einer Aktivistin am darauffolgenden Tag. Sie muss gleich zum Flughafen, hat also nur eine halbe Stunde Zeit. Ich möge doch bitte gleich loslegen.

Schon bei der ersten Forderung verheddere ich mich. Das Manifest hält einer akademischen Überprüfung nicht stand. Die Luft ist einfach zu klar für Rebellion, dafür muss sie geschwängert sein mit dem Rauch brennender Barrikaden oder zumindest mit dem Staub eines Theatersaales.

Außerdem findet auch sie das mit den DIN-Normen kindisch und unter meinem Niveau. Das würde ich doch bestimmt nicht ernst meinen? Also könnte ich darauf verzichten.

Das Manifest fällt mehr oder weniger bei ihr durch. Es gebe doch nun wirklich wichtigere und drängendere Aufgaben in der Sozialpolitik. Was sei denn beispielsweise meine Haltung zum neuen Bundesteilhabegesetz? – Meine Unkenntnis sei doch befremdlich. Anscheinend habe ich mit meiner Behinderung keine wirklichen Probleme. Trotz mehrfacher Beteuerungen nimmt sie mir nicht ab, dass ich für mein Leben selbst aufkomme.

Wieder daheim in München ist erneut mein Lieblingsfahrstuhl ausgefallen. Nach einigen Irrfahrten lande ich schließlich in meinem Stammcafé und bitte um Zettel und Stift.

Manifest für eine Rebellion, Fortsetzung

11. Ich fordere lebenslange Freiheitsstrafen für Aufzugmechaniker, wenn ein gerade reparierter Lift nach einer Woche wieder ausfällt.
12. Ich fordere zivilen Ungehorsam.
13. Ich fordere neue Verbündete, die erst mal niemand mit Behinderung in Verbindung bringt: Dragqueens und Radikalfeministinnen mit lilafarbenen Haaren und schwarze Bürgerrechtler mit Lesebrille. Sie sollen unsere Botschafter sein.
14. Ich fordere ausgedehnte Urlaube in einem abgelegenen Teil von Sibirien für alle Städteplaner, die im 21. Jahrhundert noch Kopfsteinpflaster verlegen (mitsamt Aktivistinnen, die Manifeste kindisch finden).
15. Ich fordere, Behindertenverbandsvertreter aller Art in einen Raum zu sperren, bis sie dieses Manifest um eine gemeinsame Forderung ergänzt haben. Meinetwegen können sie in der Zeit auch das Bundesteilhabegesetz auswendig lernen und rückwärts aufsagen.

Das Schönste an Manifesten ist ja, dass man sich daran nicht halten muss, sondern sich nur davon auf- oder anregen lassen kann. Oder etwas damit abarbeiten. Ein Manifest ist dazu da, sich selber eine Meinung zu bilden. Nur die Frage wird einem aufgezwungen, nicht die Antwort.

Ich falte den Zettel sorgfältig zusammen und werfe ihn bei der nächsten Gelegenheit weg.

#Albtraum

Eine Vereinigung katholischer Religionslehrer hat mich eingeladen. Den Titel meines Vortrags vergaß ich sofort wieder, nachdem ich ihn vor einem halben Jahr am Telefon erfunden hatte.

Aber er klingt gut, wie ich dem Tagungsprogramm entnehme. Es soll um die »Fragmentarität des Lebens« gehen. Dass ich nur bruchstückhaft vorbereitet bin, wird nicht weiter auffallen.

Ich werde also wieder einmal über die Widersprüche des Lebens reden und zunächst erklären, dass die größte Wahrscheinlichkeit für eine Behinderung in Deutschland das Alter, in der Welt ein Krieg sei. Und dann, dass es darum gehen müsse, genau hinzuschauen mit Nachsicht …

Es wird Zeit, mir neue Themen zu suchen, bevor ich am Ende bei meinen eigenen Vorträgen einschlafe.

Das Thema Behinderung werde ich aber wohl zeitlebens nicht mehr los, sosehr ich auch strample. Also sollte ich regelmäßig meine Ansichten und Meinungen durchlüften, um nicht einzurosten. Um nicht zu viel Verständnis zu erwecken. Das Nicken der anderen verändert nichts, wenn es dabei bleibt. Das ist auch eine Art zu rebellieren. Indem ich meine Umwelt und mich selbst so verunsichere, bis wir von vorne anfangen müssen zu denken. Uns nicht in falscher Sicherheit wähnen. Das bedeutet Behinderung nämlich auch.

Um mich selbst herauszufordern, improvisiere ich während meines Vortrages Forderungen aus den beiden Manifestfassungen. Sie verhallen, ohne irgendeine Reaktion im Publikum hervorzurufen. Also muss ich doch wieder auf Bewährtes zurückgreifen. Und siehe da, die Religionslehrer sind mit einem Mal hellwach, sobald ich meine Deutung der Heilungsgeschichten des Neuen Testaments auspacke. Ich komme mir vor wie ein Witzeerzähler, bei dem die Leute nur bei den bereits bekannten Pointen lachen.

Beim anschließenden Mittagessen beobachte ich aus dem Fenster silbrig glänzende Gondeln beim Verschwinden in den wolkenverhangenen Himmel. Sofort ist meine Sehnsucht erwacht. Der Tagungsleiter versichert auf Nachfrage zweifach, dass die Seilbahn mit Rollstuhl benutzbar wäre. Ohne hinzuhören, nicke ich, als mir ein Religionslehrer die Behinderungsgeschichte seiner Nichte erzählt. Ich sehe mich auf dem Gipfel stehend und von dort bis zum Meer schauend.

Plötzlich, mitten im Gespräch über Assistenzleistungen, überfällt mich ein kaltes Grauen. Was, wenn es dieses Recht auf Teilhabe gar nicht gibt? Was, wenn alle nur behaupten, dass wir ein Anrecht darauf hätten? Was wäre, wenn wir Behinderten überhaupt keine Rechte hätten, wenn nur das des Stärkeren zählen würde? Der Religionslehrer mit der behinderten Nichte sieht mich erschrocken an.

»Wir müssen schreien, selbst wenn wir flüstern«, sage ich verschwörerisch. Er verabschiedet sich, um sich noch etwas auszuruhen. Ich sehe wieder den Gondeln zu. Bin ich einfach urlaubsreif?

Am nächsten Morgen hetze ich meine Reisebegleitung durch das kleine Städtchen zum Bahnhof, damit wir auch ja den Bus zur Talstation erreichen. Dieser hat zwar eine Rampe, aber keinen Platz für einen Rollstuhl im Inneren. Ich klammere mich an einer Kopfstütze fest. Über unzählige Serpentinen windet sich die Straße nach oben.

Endlich angekommen, erwerben wir Tickets für die Seilbahn. Unmittelbar vor den Gondeln werde ich gefragt, ob ich denn ein paar Schritte laufen könne. Ich schüttle den Kopf. Nach einigem Hin und Her stellt sich heraus, dass die Gondeltüren genau drei Zentimeter zu schmal für meinen Rollstuhl sind.

Schließlich stehen wir wieder auf dem Parkplatz und sehen einer Schar von Mountainbikern zu, wie sie sich einen Weg durch die Wolken nach oben bahnen.

#Ahnengalerie

Mit Behinderung verbringt man deutlich mehr Zeit an Orten, die man sich nicht ausgesucht hat, als ohne. Und sich freiwillig auch nie aussuchen würde. Meist sind es Orte des Übergangs, des Wartens, Unorte allesamt. Wie eben ein Parkplatz, ein Bahnsteig, ein Flughafenterminal. Jeder hält sich irgendwann einmal dort auf, aber mit Rollstuhl muss man es eben ein bisschen länger. Manchmal kann man selbst diesen Momenten etwas abgewinnen, in den meisten Fällen vergisst man diese Orte am liebsten schon beim Verlassen. Manche prägen einen fürs Leben.

Die Malerin Frida Kahlo verbrachte viele Monate und Jahre in Krankenhäusern und Wartezimmern von Ärzten. Einen wesentlichen Teil ihres Lebens sogar. Auch darin ist sie eine Meisterin geworden, aus dem Unabdingbaren etwas zu schaffen. Es zu verwandeln. Als Frau mit gebrochener Säule in der Körpermitte hat sie sich selbst gemalt. Eine verwitterte Säule wie aus einem Touristenführer für eine antike Tempelruine. Sie bemalte ihre Prothesen. Damit gab sie den Dingen und sich selbst die abhandengekommene Würde zurück. Auch wenn ich mich niemals mit einem von ihr bemalten Hilfsmittel in der Öffentlichkeit zeigen würde. Zu trotzig bunt ist mir das alles.

In ihrem Fotoalbum finden sich Aufnahmen ihrer verwachsenen Wirbelsäule, Aufnahmen aus dem Krankenhaus nach einer Operation. Einige zeigen die Malerin mit einem Streckverband um den Kopf, der aussieht wie die Schlinge eines Selbstmörders, die sich gleich zuzieht. Auf einem anderen Bild, von der Seite aufgenommen, malt sie liegend, mit der Henkersschlinge um den Hals und einer Staffelei auf ihrer Brust, aber sie malt.

9 // Risse

#Einsicht

Bei einem Schiffsuntergang mit Massenpanik werde ich nicht zu den Überlebenden zählen. Diese Erkenntnis ist schmerzhaft, muss einen aber nicht in Panik versetzen. Um dem Ertrinken zu entgehen, sollte ich Schiffe meiden oder mich mit ausreichend Vorlauf beim Kapitän einschleimen. Die zweite Alternative gefällt mir besser.

Also werde ich weiter in Dackelaugen blicken und geduldig erklären, wie das so ist mit der Behinderung. Und dass man eigentlich nichts falsch machen kann. Und dass ich gelernt habe, mit meinen Widersprüchen zu leben. Und dass wir Behinderten zusammenhalten müssen.

Bis es von alleine irgendwann aufhört, weil die Fragen nachlassen und früher oder später ausbleiben. Alles ist eine fortgesetzte Anstrengung, das Leben eben. Wie eine gemeinsam fortgesetzte Kreuzfahrt.

Nein, so wird das nichts mit der Rebellion. Und nur mit schonungsloser Härte genauso wenig. In der Mischung aus beidem liegt das Geheimnis. Was wäre das auch für eine Rebellion, die niemanden verunsichern möchte? Nur, um sich einen Platz im Rettungsboot zu sichern. Aber immerhin hätte man etwas versucht.

#Tabus

Das Thema Behinderung ist umzingelt von Tabus. Es gibt ganze Lebensbereiche, über die man nicht spricht. Angst ist ein Tabu. So übermächtig, dass man leicht verstummt. Auch, weil ich den Nichtbehinderten nicht alles zum Gruseln vorwerfen möchte. Sie haben eh schon genug Angst vor einer eigenen potentiellen Behinderung. Da mag ich sie nicht noch mehr verschrecken.

Es wird gerade hoffähig, sich Sorgen zu machen. Besorgte Bürger allerorten. Man müsse diese ernst nehmen, heißt es dann reflexhaft. Und zuhören. Aber stimmt das? Wer hört wem zu, und geht es nicht eher darum, überhaupt gehört zu werden? Ganz ehrlich, ich habe keinerlei Interesse an den Sorgen von denen, die die der von anderen nicht wenigstens zur Kenntnis nehmen.

Anne, die ausgerechnet bei meinen Tabus nicht lockerlässt, versuche ich mit der Bemerkung abzuwimmeln, dass ich mir Angst gar nicht leisten könne.

Sie antwortet spitz: »Vielleicht läufst du auch nur aus Angst vor der Angst davon.« Wahrscheinlich hat sie damit sogar recht. Und nun?

Über zwei andere Themen, Scham und Einsamkeit, habe ich jeweils ein Buch geschrieben. Bücher, die für mich wichtig waren, nicht für den Verlag. Jetzt bin ich durch damit. Nicht, dass ich sie überwunden hätte oder sie für mein Leben keine Rolle mehr spielten. Ganz und gar nicht. Aber ich erkenne sie, ihre Verkleidungen, und was ich alles unternehme, um ihnen zu entgehen.

Behinderung und Altwerden sind noch so Tabus, leider vollkommen medienuntauglich. Denn beide auf einmal liefern keine schönen Bilder.

Ich weiß selbst nicht, wie das bei mir gehen soll. Wenn irgendwann die Kraft nachlässt, mit der ich den Alltag aufrechterhalte. Ich gebe zu, dass ich das verdrängen werde, bis es nicht mehr anders geht.

Auch den Umgang mit Tabus kann man ganz pragmatisch halten. Und sich nur um die kümmern, die einem durch konsequente Nichtbeachtung zu viel Energie rauben. Kurz und gut: einmal hinschauen und dann weitergehen könnte die Devise sein. Um den Tabus nicht mehr zu geben, als sie sich nehmen.

Sexualität und Behinderung ist das einzige Tabu, das bereits so oft als solches benannt wurde, dass es schon kaum noch als solches durchgeht.

In unregelmäßigen Abständen kommen im Fernsehen mitfühlende Reportagen über Sexassistentinnen (ausschließlich Frauen!) für Behinderte, mit viel Weichzeichner und Kaufhaushintergrundmusik. Dieser anbiedernde Voyeurismus stößt mich ab. In den Ankündigungen heißt es dann: ein ganz heißes Eisen… Und alle sind merkwürdig aufgeregt. Vielleicht gehört das dazu, wenn man einen Grund gefunden hat, anderen Leuten ins Schlafzimmer zu schauen.

Das Internet ist ein sonderbares Ding und bietet Platz für alles, auch für die Behindertenfetischisten. Da gibt es beispielsweise Männer, die auf Amputationen stehen, schwule wie heterosexuelle. Im Notfall tut's auch ein Rollstuhl. Auf ihren Blogs finden sich meist Bilder völlig bekleideter Personen, denn es geht weniger um Sex als um die Amputation als solche. Auch Prothesen fehlen meist, oder sie sind Nippes, der neben den Amputierten auf dem Bett liegt.

Mit Sex und Behinderung auf Teufel komm raus provozieren zu wollen, hat etwas Manisches und erinnert mit einem schwachen Glimmen an die Aufklärungsfilmchen der Siebziger, über die man in der Schule schon gegrinst hat.

Jeder, der darüber einen Film machen möchte, schreibt in sein Exposé: ein Riesentabu. Diese Behauptung dient dann oft als Vorwand, die Dinge besonders direkt zu zeigen, immer mit der Kamera voll drauf. Um auch ja allen zu beweisen, dass es sich um ein Tabu handelt.

Auf *Spiegel online* fragt ein junger Mann: »Meine Freundin ist unheilbar krank. Darf ich fremdgehen?« – Bei der Formulierung hat wahrscheinlich die Redaktion mitgeholfen.

Ich möchte dem jungen Mann in die Augen sehen und sagen: Schau, Junge, ich lebe mit der gleichen Krankheit. Ich kann mir also vorstellen, was dich umtreibt. Deine Frage beschäftigt Menschen, seit es Beziehungen gibt. Das schlechte Gewissen gehört zum Fremdgehen halt mit dazu. Tu's, wenn es dich so juckt, aber heul nicht rum – und halt danach die Klappe!

Wenn nun Künstler ein Tabu wittern, stürzen sie sich darauf wie Aasgeier. Behinderung und Sex, das verspricht Fördergelder und Aufmerksamkeit. Theatermacher sind beispielsweise ganz wild darauf. Und so habe ich gefühlt schon Tausende Abende im Zuschauerraum durchgesessen. Mehrfach saß ich dabei notgedrungen in der ersten Reihe in Off-Theatern, weil man den behinderten Zuschauern etwas Gutes tun wollte. Die Rollstuhlplätze in der ersten Reihe sind durch auf den Boden getackerte Ausdrucke markiert. Ich bin also ganz dicht dran. Es gibt kein Entkommen. Beim ersten Mal veranstalten zwei männliche Darsteller dann das, was die *Bravo* in meiner Jugend als »heavy petting« bezeichnet hätte. Und aus dieser Zeit stammt auch der Geschmack des Kostümbildners.

Das zweite Off-Theater möchte mit seiner Performance zeigen, dass auch Behinderte Sex haben. Was für eine Entdeckung! Das Ganze erinnert an eine Diskussion in der Mittelstufe über Abtreibung. Sie wird nur deswegen von den gerade geschlechtsreifen Schülern so leidenschaftlich geführt, weil man damit eine

Stunde Unterricht schinden kann. Selbstverständlich fehlt in der Ankündigung der Theatergruppe nicht der Hinweis, dass dabei Grenzen der Scham ausgelotet werden. Quälend lange, anderthalb Stunden, zieht sich erst eine alternde Tantra-Expertin nackt aus und zupft bedeutungsschwanger an ihrem erschlafften Fleisch und schließlich an der Hauptdarstellerin. Um diese herum wurde das Ganze arrangiert. Aber warum müssen sich wieder mal die Frauen komplett nackig machen, während der Mann seinen schwarzen Schlüpper anbehält?

Am Schluss klatschen alle: die Behinderten aus Solidarität und die Nichtbehinderten aus Pflichtschuldigkeit. Oder warum auch immer. Ich will es nicht einmal wissen. Nur ich verschwinde demonstrativ. Vielleicht liegt meine schlechte Laune auch daran, dass ich mir zum Thema Sex nichts von einem heterosexuellen Regisseur ohne Behinderung sagen lasse. Sein größter Fehler allerdings ist, auf das Komische, das Lachen verzichtet zu haben. Dabei macht Sex mit Behinderung nur dann Spaß.

In Berlin wollte ich einmal partout in den sagenumwobenen KitKatClub gehen, den Ort der grenzenlosen Ausschweifung. Der Dresscode verlangte für den Abend Bizarres oder sonst irgendwas Außergewöhnliches. Auf keinen Fall Straßenkleidung. Ich hatte aber nur Jeans und T-Shirts dabei.

Am Eingang standen bereits einige Menschen an, obwohl ich wie immer viel zu früh kam. Endlich war ich an der Reihe. Der Türsteher fragte, ob ich wisse, was der KitKatClub sei. Ich nickte eifrig. Er musterte mich.

»Und was hast du dabei, Jeans is nich bizarr.«

Ich nickte wieder und deutete auf den Rollstuhl.

Der Türsteher überlegte kurz – und trat dann zur Seite.

#Scham+Einsamkeit

Auf manchen Partys erzählt man sich zu vorgerückter Stunde gerne reihum die peinlichsten Erlebnisse. Und keiner darf kneifen. Wenn ich da mal richtig loslegen sollte, würde ich allen die gute Laune verderben. Es gibt wohl nichts Ansteckenderes als Scham und Peinlichkeit. Lieber spreche ich nur sehr abstrakt darüber oder mit der gebotenen Heiterkeit, die immer noch das beste Mittel im Umgang mit Scham ist. Lachen bleibt oft die einzige Möglichkeit, um sie aufzulösen. Doch selbst das kann die Scham weiter befeuern.

Lange genug hat es gebraucht, bis ich von mir selbst sagen konnte: *Ich schäme mich*. Dabei hat mir die Behinderung sogar geholfen. Sie ist ein ebenso guter Schamüberwinder wie -auslöser.

Ich kann es mir inzwischen einfach nicht mehr leisten, dass mir etwas peinlich ist. Zumindest wenn es um solche Schammomente geht, die anderen das Blut in die Wangen treiben. Obwohl ich sonst fast jede Anekdote breittrete, schweige ich über Erfahrungen dieser Art. Allein schon deswegen, weil ich weiß, dass selbst beim Erzählen die Scham auf mein Gegenüber überspringen würde. Mit grimmiger Erleichterung würden nur diejenigen es aufnehmen, die bereits Ähnliches erlebt oder in der Pflege gearbeitet haben.

Menschen, die berufsmäßig mit Behinderten zu tun haben, umgeben sich mit einer oft sehr robusten Direktheit. Als müssten sie einem jederzeit beweisen können, dass sie in jedem Augenblick wissen, was zu tun sei. Nichts Menschliches sei ihnen fremd, behaupten sie. Scham kennen sie angeblich nicht, zumindest nicht bei anderen.

So wollte ich einmal in einem Sanitätshaus ein Kondom-

Urinal ausprobieren, als der Verkäufer ohne Vorankündigung den Vorhang aufriss. Er war so einer, dem das nicht peinlich war. Und der leider schon vergessen hatte, wie sich Scham für andere anfühlt.

Vollkommen nutzlos war der Hinweis des Verkäufers im Sanitätshaus, als er mit vorwurfsvollem Ton sagte: »Aber da brauchen Sie sich doch nicht zu schämen.«

Was ich hätte sagen sollen, statt zu schweigen: »Guter Mann, worüber ich mich schäme, entscheide ich selbst, auch wenn es Ihnen nicht passt. Und jetzt husch, husch!«

Sprachlosigkeit ist vielleicht die schmerzhafteste Behinderung. Und sie ist oft der erste Vorbote der Einsamkeit.

Nach langem Nachdenken komme ich zum Schluss, dass Einsamkeit und Behinderung nicht ursächlich etwas miteinander zu tun haben. Behinderung verstärkt Einsamkeit zwar, aber ist nicht deren Grund. Es lässt sich eben nicht alles auf die Behinderung schieben. Sie muss schon für genug herhalten.

#Realitäten

Früher wurden Menschen mit Behinderung einfach umgebracht. Ihre bloße Existenz jagte den Nazis solche Angst ein, dass sie Menschen mit Behinderung als nicht lebenswert einstuften und sie ermordeten. Die »Vernichtung unwerten Lebens« fand in sogenannten »Heil- und Pflegeanstalten« statt. In München hat man mittlerweile 2020 solcher Personen namentlich identifiziert, die keines natürlichen Todes gestorben sein können.

Bei allem *Ziemlich beste Freunde*-Kitsch will ich nicht vergessen, dass das noch nicht besonders lange her ist. Dieses Wissen ist wie ein Kompass, um bei aller Nächstenliebe im Bewusstsein zu halten, wozu der Mensch fähig ist. Und nicht erst dann, wenn er verhungert, sondern schon aus Angst vor dem Verhungern.

So weit sind wir heute nicht, wobei Wachsamkeit nie verkehrt ist. In Zeiten der unbedachten Alltagsdiskriminierungen. In Zeiten um sich greifenden Irrsinns. In Zeiten rückläufigen Anstandes. In Zeiten der großen Gereiztheit. Behinderung findet (wieder) weniger Beachtung in der öffentlichen Wahrnehmung. Sie wird von anderen Themen überwuchert. Das wäre an sich noch nicht schlimm, was aber nach dem Vergessen kommen wird, weiß niemand.

Die Realität für Menschen mit Behinderungen, gerade für die mit geistigen, ist heute bestimmt von fehlenden Ausbildungsmöglichkeiten, Ablehnung und widerwärtigem, abgrundtiefem Hass in den modrigen Teilen des Internets, Ausgrenzung aller Orten, von stumpfsinnigen Kämpfen mit Behörden um Hilfsmittel...

Frauen mit Behinderung werden zwei- bis dreimal häufiger Opfer von Gewalt aller Art als männliche Nichtbehinderte, meistens in einer der 700 Behindertenwerkstätten mit über 300 000 Angestellten. Dass vielen davor graut, kann ich bestens nachvollziehen. Ich möchte mir ein Leben in einer solchen Einrichtung nicht einmal vorstellen. Die Betreiber dieser Werkstätten tun sich oft schwer mit einer Öffnung – aus Sorge, damit ihren eigenen Untergang einzuleiten. Dieser Aspekt der Wirklichkeit wird meist ausgeblendet. Beispielsweise, dass diese Strukturen Tausenden die Miete finanzieren. Und dass es darunter genauso viele Engagierte, Motivierte, Selbstausbeuter, und so weiter gibt, wie in allen anderen Sozialberufen. Menschen, ohne die es nicht ginge.

Auch mit den Werkstätten ist das nicht so einfach. In einer der Münchner Einrichtungen gibt es eine Kunstklasse. Die Angestellten (so werden sie bezeichnet) haben feste Arbeitszeiten, von ihnen wird eine solide Produktivität erwartet. Und Bilder, die an Firmen für Adventskalender verkauft werden können, also keine Anzüglichkeiten auf der Leinwand, nichts irgendwie Verstörendes. Freie Künstler schreckt das, die Enteignung der Kunst, deren Instrumentalisierung für den schnöden Mammon.

Ich könnte problemlos mit solchen Beispielen weitermachen, bis jeder verstummt ist. Die Auflistung wäre so beklemmend, dass der Regelfall von Behinderung aus dem Blick gerät. Die meisten Behinderungen grenzen einen nicht komplett, sondern partiell aus. Wie meine eben, halb drin im normalen Leben, halb draußen.

Diskriminierung zu erfahren, reißt einen aus dem Gewohnten, aus den alten Vorurteilen, macht den Betroffenen wacher, aufmerksamer. Oder noch ängstlicher und misstrauischer.

Zu Beginn der Frauenbewegung in den Siebzigern kamen die Rebellinnen in einer Berliner Uni zusammen, um sich eine nach der anderen ihre Geschichten zu erzählen. Wie sie entmündigt, geschlagen, missbraucht und um ihre Zukunft betrogen wurden. Bald darauf setzten einige von ihnen die Täter-Opfer-Theorie dagegen. Und die bedeutete: Nicht wir Frauen sind die Opfer, sondern wir haben unsere Abhängigkeit selbst zu verantworten. Wir haben uns selbst in diese Position gebracht. Man kann nicht wachsen, wenn man immerzu nur erklärt, wie klein man ist.

Die Analogie zu uns Behinderten geht allerdings nicht komplett auf. Dennoch hat der Gedanke etwas Faszinierendes. Also, was haben wir denn unternommen, um aus der Sozialnische rauszukommen? Was haben wir getan, um nicht diskriminiert zu werden? Wir wehren uns heute nicht vernehmlich genug. Und es plappern weiterhin viel zu viele Nichtbehinderte über uns.

Und was habe ich getan? Ich gestehe: Zu oft habe ich selbst geschwiegen, weil es bequemer war. Ich habe keinen Einspruch erhoben, wenn über mich hinweg statt mit mir gesprochen wurde. Zu oft habe ich dem Gegenüber genau das gegeben, was er oder sie sich erhofft hat. War der Nette, der Verständnisvolle, nur um mir meine tägliche Ration Bestätigung abzuholen.

Genug jetzt mit der Selbstkasteiung. Behinderung ist Rebellion, und die findet nicht vor dem Spiegel statt.

#Eintrübungen

Erich Kästner lässt in *Fabian* seine Hauptfigur sagen: »Und jetzt sitzen wir wieder im Wartesaal, und wieder heißt er Europa. Und wieder wissen wir nicht, was geschehen wird. Wir leben provisorisch, die Krise nimmt kein Ende.« – Und wir, nicht mal hundert Jahre später, bilden uns ein, unsere individuell hergerichteten Privatwartesälchen wären eigentlich ganz passabel.

Als ich vor einem guten Jahr zum ersten Mal und sehr zaghaft die Rebellion ausrief, schien die Welt noch halbwegs geordnet. Als ließe sich alles unter Kontrolle halten. Zumindest wirkte für Behinderte vieles durchlässiger als in den vorausgegangenen Jahrzehnten.

Mit der Ratifizierung der UN-Behindertenrechtskonvention war etwas in Bewegung geraten. Vielleicht nicht für den Einzelnen spürbar, aber zumindest in der Art und Weise, wie darüber gesprochen wurde. Die Großwetterlage hatte sich verbessert, nicht gleich zu strahlendem Sonnenschein, doch zumindest war es deutlich heller geworden.

Auf Momente des Stockens war ich gefasst, in der Annahme, dass es dann trotzdem weiter voraninge. Irgendwie passte das, fand ich. Langsamer würde es gehen als gewünscht, aber immerhin. Nun aber mehren sich die beunruhigenden Zeichen, dass es mit dem Tauwetter bald wieder vorbei sein könnte. Unsere Gegenwart hat einen Januskopf.

Gespräche mit den Veteranen der Selbstbestimmt-Leben-Bewegung werden von Monat zu Monat düsterer. Die Angst vor dem Fremden greife um sich. Und wir Behinderten seien die nächsten Feindbilder, sagt mir einer aus Wien. Unlängst habe ihn eine alte Frau in der Straßenbahn mit den Worten angekeift: »Ihr seid schon eine Belastung.« Es gebe einen neuen Zungenschlag seit der Machtübernahme der Rechtspopulisten in Österreich.

Und zu einem Münchner Aktivisten sagte neulich ein Immobilienmakler ohne mit der Wimper zu zucken, dass er grundsätzlich nicht an Behinderte und alleinerziehende Frauen vermiete. Dass man so etwas einfach wieder aussprechen könne, sei das Schlimmste. Die Kämpfer von einst hadern nicht nur mit den Ewiggestrigen, sondern auch mit Behinderten wie mir. Zu sehr würden wir uns auf ihren Erfolgen ausruhen, genössen bequem die von anderen hart erstrittenen Hilfeleistungen. Sie glauben, dass die Stimmung bereits gekippt sei, und führen das Erstarken von rechten Parteien als Beleg für ihre These an, oder warnen davor, dass »Behinderung« wieder von den mittleren Plätzen der gesellschaftlichen Debatte auf die hintersten verschwinde. Dass sie mit ihrer Analyse gleichzeitig daneben wie richtig liegen, macht es so schwierig.

Tatsächlich schwafeln heute Rechtsaußen-Politiker mit verkniffenen Mienen davon, dass gemeinsamer Unterricht die nichtbehinderten Kinder anstecken könnte. Solche Dummdreistigkeit gab es aber schon immer. Das ist es nicht, was mich beunruhigt, sondern wie geschäftsmäßig darauf reagiert wird, und dass über solchen Unfug auch noch unverhältnismäßig viel berichtet wird.

Oder aber die sich im Sommerloch häufenden, immer gleichen Artikel über das Scheitern des I-Unwortes. Als ob es zu dem Thema Behinderung wirklich nichts anderes zu sagen gäbe. Noch einmal, man kann es gar nicht oft genug sagen: Kinder mit Behinderung sind nicht die größte Herausforderung für »die Gesellschaft«, sondern *Alte mit Behinderung.*

Seit einiger Zeit wird in jedem Artikel über steigende Mieten und Wohnungsnot nebenbei auch mitgeteilt, dass die Kosten für Barrierefreiheit das Ganze noch beschleunigen werden.

All das sind, für sich betrachtet, Kleinigkeiten. Doch sie zeigen wie ein fallendes Barometer einen Wetterumschwung an.

Nun bin ich alarmiert, unruhig, hellhörig. Hoffentlich über das angemessene Maß hinaus. Es ist kein gutes Gefühl, zu den Schwächsten zu gehören. Deren Klagen gestattet man nur bei Sonnenschein. Und mein Reden, dass jeder irgendwann im Club der Behinderten aufgenommen wird, hinterlässt keine Spuren. In nichts ist die Menschheit besser als im Verdrängen der eigenen Hinfälligkeit. Dass auch unwissentlich jeder vor der Tür zu diesem Club ansteht, merken die meisten erst, wenn sie drin sind.

Und dennoch läuft alles weiter seinen Gang. Konferenzen zu *disability studies* werden abgehalten, Tagungen zur Teilhabe, Netzwerktreffen zur Chancengleichheit. All die folgenlosen Veranstaltungen, die dennoch unmerklich langsam das Bewusstseins verändern …

Wir sollten uns nicht in falscher Sicherheit wiegen. Achtsam sein, aber nicht ängstlich. Alles Erreichte ist die Basis, doch selbst diese Basis ist gefährdet. Und Brandstifter gibt es genug. Beides ist gleichzeitig da, es geht gleichzeitig vorwärts und zurück. Genau das macht es so schwierig. Es ist genau wie bei den Autofahrern: Während die einen schon kapiert haben, dass man sich nicht mehr auf das begrenzte Öl verlassen kann, kaufen andere Autos, groß wie Panzer. Über Behinderung wird erst dann gesprochen, wenn man davon direkt oder indirekt in Haftung genommen wird.

Und dennoch: Selbst wenn es stürmt und schneit, wird es Menschen geben, die andere vor dem Erfrieren retten. Hoffentlich sind sie dann warm genug angezogen.

#Realitätseinbruch

Während ich auf den kalten Fliesen vor der Toilette liege, frage ich mich wieder einmal, was das alles soll. Um an diesem Buch zu arbeiten, hatte ich mich für das letzte Juliwochenende in ein altes Kloster am Rand der Alpen zurückgezogen. Wieder eines dieser Abenteuer mit ungewissem Ausgang. Denn absichtlich habe ich mich nicht darum gekümmert, ob und wie ich da mit Rollstuhl zurechtkomme. Dabei hätte ich gleich nach der Ankunft wieder fahren sollen. Spätestens, nachdem ich bemerkt hatte, dass das Bett viel zu niedrig war und die Toilette für mich eigentlich nicht benutzbar. Dennoch war ich geblieben, nicht zuletzt, weil schon die Anfahrt so kräfteraubend gewesen war.

Am Morgen kam ich dann erwartungsgemäß kaum aus dem Bett in den Rollstuhl. Schmerzhaft klappte es dann irgendwie doch. Nun blieb mir nichts anderes übrig, als die Toilette am Ende des Ganges aufzusuchen. Da ich in dem Trakt alleine war, verzichtete ich darauf, eine Hose anzuziehen, denn das hätte ja bedeutet, danach wieder zurück aufs Bett zu müssen.

Auf der viel zu tiefen Toilette habe ich nun dasselbe Problem: Wie komme ich von hier aus wieder in den Rollstuhl? Die Fliesen sind so glatt, dass die zitternden Füße dauernd wegrutschen. Schließlich gelingt es mir halb, aber eben nur halb. Die Füße rutschen weg, und ganz langsam gleite ich wie ein rieselnder Sack Reis auf den Boden.

Da liege ich nun halbnackt vor der Toilette. Allein. Warum tue ich mir so etwas an? Vor allem aber, wie komme ich hier wieder raus? Den Rollstuhl hinter mir herschleifend, robbe ich aus dem Bad. An der Schwelle verletze ich mich und ziehe eine verwischte Blutspur hinter mir her. Nach einer halben Stunde habe ich es zurück ins Zimmer geschafft, nach einer weiteren habe ich mich am Boden liegend immerhin so weit anziehen können, um zivilisiert um Hilfe zu rufen.

Dabei muss ich niemandem etwas beweisen. Vor allem mir selbst nicht. Also schwöre ich mir, dass die Zeit solcher Abenteuer nun ein für alle Mal vorbei ist: keine Ausflüge auf eigene Faust mehr – ohne mich vorher kundig zu machen, ob ich das auch schaffe. Keine wilden Abkürzungen mehr durch den Wald... Noch während ich mit tränenerstickter Stimme den Schwur am Telefon wiederhole, fange ich innerlich an zu grinsen.

#Gerechtigkeit

Zehn unüberwindbare Meter trennen mich vom Meer. Dazwischen ein breiter, kaum besuchter Strand. Zwischen Sand und dem sumpfigen Hinterland schlängelt sich ein asphaltierter Fahrradweg. Es ist Ende September. Einen ganzen Sommer lang habe ich nicht weiter über Behinderung nachgedacht. Sie hat keine Rolle gespielt. Doch auf einmal ist sie wieder in meinem Bewusstsein.

Ich halte an und schütte mir die letzten Tropfen aus der Wasserflasche über den Kopf. Auf einmal überfällt mich alles gleichzeitig, was ich nun gerne tun würde – und voraussichtlich nie mehr tun werde: im Sand liegen, in den Wellen stehen. Danach an der Brandung entlanglaufen. In der Gischt sitzen. Den Strand vom Meer aus betrachten. Salzwasser schlucken. Eine Muschel aufheben.

Ist das gerecht? Niemand wird mir antworten. Die meisten Freunde würden mich jetzt umarmen, mit Worten oder in der Tat. Und keiner von ihnen würde mich hier stehen lassen, um alleine ans Wasser zu gehen. Das ist auch ein Geschenk.

Die Aktivisten unter ihnen kämen jetzt wieder mit ihren Vorschlägen. Mit Strandrollstühlen, Hebebühnen, Schwimmhilfen. Sie würden mit ihrem Aktionismus alle Traurigkeit zudecken, sie zu meiner Fehlbarkeit umdeuten. »Du willst dir ja nicht helfen lassen.«

Ein junger Typ in Flipflops überholt mich schlappend, die Badetasche hängt ihm lässig über die Schulter. Plötzlich biegt er nach rechts ab, auf dem Weg dahin, wo Meer und Strand um jeden Zentimeter feilschen. Ich sehe ihm nach, mit einer Sehnsucht, die kaum auszuhalten ist, nach Sand, nach dem Salzwasser, nach dem Geruch von Sonnencreme.

Die Flipflops trägt der junge Mann nun in der Hand, mal umspielt Wasser seine Füße, dann versinkt er für einige Zentimeter. Ich bin mir nicht sicher, ob er das Glück dieses Augenblicks überhaupt wahrnimmt. Irgendwann ist er nicht mehr zu sehen. Ich stehe weiter auf dem asphaltierten Weg, Tränen laufen mir über die Wangen. Ist das gerecht? Dass meine Beine mich keine drei Schritte tragen? Kann ich dagegen anheulen?

Behinderungen sind nicht gerecht. Stattdessen zwingen sie einem unentwegt Vergleiche auf, mit Gesunden, mit anderen Behinderten. Ein Gutteil der Ungerechtigkeit entspringt aus diesen Vergleichen. Mit denen, denen es schlechter geht, mit denen, denen es besser geht. Und jedes Mal wird einem mit brutaler Deutlichkeit vorgeführt, wie es um einen selbst steht.

Unsere Körper scheren sich um nichts. Und nur bedingt darum, wie gerecht wir zeitlebens mit ihnen umgehen. Es setzt das

Herz von dreißigjährigen Sportlern aus und schlägt munter über neunzig Jahre lang bei einem Kettenraucher. Nein, das alles ist nicht gerecht.

Wenn schon das Leben nicht gerecht ist, kann man doch wenigstens für eine gerechtere Gesellschaft arbeiten. Allein, um etwas entgegenzusetzen.

Des Weinens überdrüssig kämpfe ich mich über eine locker gespannte Matte über den Sand zu einer strahlend weißen Strandbar aus Holz. Ein paar Minuten später, und ich bekäme in der Sonne einen Hitzschlag.

Die Bar besteht aus locker verteilten Sitzgruppen aus Holzliegen, dick belegt mit weichen Kissen. Und damit wie für mich gemacht. Der Tag versinkt in Seligkeit. Da ist sie doch, matt und schwach aber dennoch unübersehbar: ausgleichende, ausweichende Gerechtigkeit.

Das Leben ist in seiner Ungerechtigkeit manchmal gerecht. Noch so ein Widerspruch in dieser an Widersprüchen reichen Welt.

10 // Solidarität

#Genugjetzt

All diese Sorgen. Dieses Gespür für die sich anbahnende Abwärtsfahrt. Diese dunkelgrauen Ahnungen. – Was hat man später davon, außer relativ früh davor gewarnt zu haben? Einer der Ersten gewesen zu sein, die beste behinderte Kassandra. Nicht viel, wenn man ehrlich ist. Nein, dann schon lieber jetzt den Mund aufreißen, solange man noch halbwegs in Caféhauslautstärke miteinander streiten kann.

Ich möchte aufrecht bleiben. Aufstehen, auch wenn ich es nicht mehr kann. Den Blick geradeaus gerichtet, nicht in die sich aufbauschenden Gewitterwolken.

Also keine Abgesänge mehr, nur noch Hymnen aufs Leben!

Nicht mehr den alten Träumen nachhängen, sondern den Schutt abräumen und daraus etwas Neues bauen (barrierefrei und mit funktionierenden Liften natürlich). Selbst, wenn es dann scheußlich schief wird.

Oder schief klingt, wie oft bei dem Versuch, Normalität zu beschwören, wo keine ist. Manchmal führt das sogar zu ungewollter (?) Komik. Berliner Aktivisten haben fröhlich bei Facebook geschrieben: »Ein Leben mit Behinderung ist Pride, ist Lifestyle. Und vor allem ganz normal.«

Manchmal machen es einem die lieben Mitbehinderten echt schwer, sich nicht lustig zu machen. Aber egal, ich kommentiere den Post mit einem fetten Herz.

#Diversitätswonnen

Eigentlich müssten wir Deutschen Diversitäts-Weltmeister sein. Allein schon wegen der teils skurrilen Pflege regionaler Eigenheiten, wie dem ernsthaft vorgetragenen Beharren darauf, dass ein Hamburger etwas anderes ist als ein Bayer. Doch Diversität ist kein Selbstläufer. Nur weil jeder anders ist, löst das keine gegenseitige Akzeptanz aus, sondern erst mal Ängste. Wo bleibe ich dann noch in diesem Meer aus Andersartigkeit? Darin zu schwimmen, muss man erst lernen.

Wir Behinderten sind nicht ausschließlich Behinderte. Wir besitzen ein Geschlecht, haben eine Herkunft, wir fühlen uns zu einem anderen Geschlecht hingezogen oder demselben oder gar keinem... Auch wenn das die Vorstellungskraft mancher übersteigt: Behinderte sind auch nur Menschen, stark und schwach, wie alle.

Wenn ich »die Behinderten« nun auffordere, sich mit anderen Bewegungen zusammenzuschließen, werde ich jedes Mal beiseitegenommen und gewarnt: »Schau mal, Max, die Frauen haben so viele Jahrzehnte für jede Gleichstellung gekämpft, für jeden Euro Fördermittel, die schlucken das Thema Behinderung mit einem Happs, und weg seid ihr. Wenn du was erreichen möchtest, bleib sichtbar!« Das Argument wird so überzeugend vorgetragen, dass ich mich nicht einmal traue, etwas dagegen zu sagen, sondern nur stumm nicke und sage: »Stimmt, da ist was dran.«

Der erste Impuls bei Behinderung ist Abwehr, und sei es in Form von Mitleid. Dies ist die einfachste Form, sich abzugrenzen. Selbst wenn wir als behinderte Frau in einem feministischen Lesekreis mitmachen wollen oder im Rollstuhl beim CSD eine Rede halten wollen. Erst mal bleiben wir Behinderte. Deswegen sollten wir es mit Guerillataktik probieren. Unterwanderung. Und geschicktes Hase-und-Igel-Spiel. Solange die anderen im Kreis laufen, sind wir Hockenbleiber immer schon da.

Und wenn wir überall auftauchen, in der Oper, im Fußballstadion, beim Döner um die Ecke und im Sterne-Restaurant, wird man uns wahrnehmen.

»Behinderung« ist eine Hilfskonstruktion, die schon unter ihrem eigenen Gewicht ächzt. Lasst uns schauen, wie stabil sie ist und wo wir anbauen können. Das heißt, wo können wir Allianzen eingehen? Denn eines haben wir alle gemeinsam: Alleine kommen wir nicht voran. Wir sind auf die Mithilfe anderer angewiesen, mal mehr, mal weniger, mal dauerhaft, mal sporadisch.

Vielleicht sind es manchmal die Mütter mit Kinderwagen vor einem kaputten Lift, und im nächsten Augenblick sind es die Autofahrer, wenn es etwa um die Beseitigung von Schlaglöchern geht. Und vielleicht wird sogar einmal ein Immobilienspekulant unser bester Freund, weil er eine verwinkelte, denkmalgeschützte Villa abreißen will, um dafür ein paar schicke barrierefreie Apartments hinzubauen. (Geld darf uns keine Angst machen, auch wenn wir keines haben.)

Lasst uns pragmatisch sein in unserer Revolte und alle dafür einspannen, die nur ansatzweise in dieselbe Richtung laufen.

Als sich 1984 in England die Schwulen mit den Bergarbeitern verbündeten, funktionierte das nicht, weil man auf einmal entdeckt hatte, dass man einander so nah war, sondern weil man die Differenzen der Lebenswirklichkeiten stehen ließ. Und weil man die Ziele der anderen so respektierte, dass man sie zu den eigenen machen konnte, trotz aller Widersprüche. Wir sollten also weder krampfhaft versuchen, diese aufzulösen, noch, sie miteinander zu versöhnen.

Auf den ersten Blick sehen alle Diskriminierungen recht ähnlich aus. Ob wegen des Geschlechts, der sexuellen Präferenzen oder der Herkunft. Es gibt jedoch fundamentale Unterschiede zu Behinderungen. Der zentralste besteht darin, dass man nichts gegen ihr Verschwinden hätte. Ich jedenfalls würde meinem Rollstuhl keine einzige Träne nachweinen. Zumal ich alles, was ich durch ihn gelernt habe, dann ja mitnehmen könnte.

Ich habe mich mit meinen Behinderungen arrangiert, lebe wahrscheinlich genauso glücklich oder unglücklich, wie ich ohne sie leben würde. Und dennoch bleiben sie eine tägliche Frechheit. Sie verfolgen mich wie ein Schatten und fordern täglich nörgelnd ein, dass man sich mit ihnen beschäftigt.

Es gibt noch einen weiteren Unterschied. In einer idealen Gesellschaft spielen diese Eigenheiten keine Rolle mehr, sondern sind nur noch eine Eigenschaft. In einer Welt ohne Rassismus ist es völlig egal, ob man in Bayern oder im Kongo geboren ist. Auch das Geschlecht, die Herkunft, auf wen man steht, als was man sich fühlt, ob als Mann oder Frau oder irgendwas dazwischen, all das wäre völlig nebensächlich, wenn es nichts Herausstechendes mehr wäre.

Anders ist es bei Behinderung: Sogar in der barrierefreiesten Gesellschaft bliebe sie bestehen. Man würde zwar sein Leben dann weitestgehend selbstbestimmt führen, aber eben nur so weit, wie es die Behinderung zulässt. Der Blinde kann trotzdem nicht alleine klettern und der Gelähmte nicht schwimmen gehen. Behinderung ist ab einem bestimmten Punkt unauflösbar.

Manche wollen einem dennoch voll intellektuellem Furor nachweisen, dass auch Behinderung nichts weiter ist als eine soziale Konstruktion, genau wie das Geschlecht. Wer so etwas behauptet, muss einmal als Rollstuhlfahrer an einem milden Frühlingstag in die Berge gehen wollen. Oder sollte einmal mit gelähmtem Unterkörper eine Hose anziehen. Eine Lähmung lähmt.

Einfach, weil Beine, mit denen man laufen kann, Augen mit

denen man sehen kann und Ohren zum Hören einem das Leben leichter machen auf dieser Welt. So hat es sich die Evolution oder Gott oder beide oder eben keiner ausgedacht.

Um es etwas deutlicher zu sagen: Eine Behinderung behindert, selbst dann noch, wenn man deswegen nicht von anderen behindert wird. Man kann sie nicht mal mit schlauen Gedanken austricksen, nur im Café oder auf der Kanzel. Aber wehe, man muss aufs Klo.

Das Leben mit Behinderung bleibt ein großes Trotzdem. Und gerade deswegen haben wir etwas beizusteuern im allgemeinen Durcheinander aus Halbfertigem.

#DemokratieWagen

Auf die Frage, was »die Gesellschaft« denn nun für Menschen mit Behinderung tun müsste, antworte ich wie aus der Pistole geschossen: Man sollte nicht nur Lifte bauen, sondern sich auch darum kümmern, dass diese funktionieren. Jetzt, und nicht irgendwann, wenn vielleicht, unter Umständen, ein Ersatzteil geliefert worden ist.

Umgekehrt wird die Frage viel spannender: Was erwartet die Gesellschaft eigentlich von mir? Nicht viel. Außer, dass ich Ruhe gebe, dass ich beruflich tätig bin. Nicht übermäßig erfolgreich natürlich. Grad so, dass es für eine lobende Erwähnung reicht. Bescheidenheit, gepaart mit lächelndem Duldertum. Ein behinderter Steuerzahler hat weniger Probleme als früher, aber die anderen?

Die Schwierigkeit mit »der Gesellschaft« ist, dass bei jeder Aussage auch das Gegenteil gilt. Und es gibt Leute, die genau das Gegenteilige richtig finden. Genau das ist gleichzeitig anstrengend und beruhigend an der Demokratie.

Nur in einer solchen hat das andere Platz. Deswegen hat mich der Rollstuhl zum glühenden Demokraten werden lassen. Weil ich ahne, dass ich in keinem anderen System mit Behinderung glücklich werden würde.

Nur mal angenommen, in Deutschland regierte ein Diktator. Kein ganz schlimmer, sondern ein emporgekommener Populist. Um seine Macht zu stabilisieren, knöpft er sich Minderheiten vor. Und wird alles tun, damit die Masse – und sei das noch so eine Chimäre – glaubt, er täte etwas für sie und nicht nur für sich selbst. Deshalb wird er all das einstellen oder einschränken oder gar abschaffen, was den Minderheiten das Leben einfacher macht. Vergünstigungen fallen weg, Maßnahmen gegen Diskriminierung unter den Tisch. Und er wird sich ein paar Sündenböcke aus diesen Kreisen herauspicken. Möglichst solche, gegen die eh schon Vorbehalte existiert hat.

Der einzige Ausweg aus der Misere wäre, im Dunstkreis des Diktators zu bleiben und die Klappe zu halten. Angewiesen auf sein Wohlwollen. Nur müsste man ihn schon vor dessen Machtübernahme kennen. (Merkwürdig, dass ich mir den Diktator nur als Mann vorstellen kann.)

Die Verteidigung der Demokratie ist allein schon deswegen erste Behindertenpflicht. Ohne sie kämen wir garantiert unter die Räder oder würden sonstwie zum Schweigen gebracht.

Lasst uns mit anderen für die Demokratie kämpfen! Egal wobei, lasst uns mitmachen: für Volksbegehren, gegen untertunnelte Städte. Es gibt genug zu tun auf einem Planeten, der in aller Seelenruhe auf seine von uns gemachte Unbewohnbarkeit zuschlittert.

#RebellischeSolidarität

Vielleicht schnurrt am Ende alles auf einen etwas abgenudelten Begriff zusammen: *Solidarität*. Auch wenn der etwas Spätherbstliches hat. Denn er kann nichts dafür, dass die Parteien, die ihn gern im Mund führen, so verzopft sind und sich am liebsten mit sich selbst beschäftigen. Niemand hat die Solidarität für sich gepachtet. Jeder kann damit machen, was er will.

Eine frisch erblühte Solidarität brauchen wir, getragen von schrecklich vielen unterschiedlichen Wirs. Solidarität wird dann nicht mehr mit dem Timbre der Französischen Revolution ausgesprochen. Solidarität meint eben nicht Gleichmacherei, sondern das Bestehenlassen des Unterschieds.

Mir gefällt daran, dass dies den Druck rausnimmt. Solidarität fängt an mit Lageanalyse, dann zuhören und Hirn einschalten.

Nicht *wir Behinderten*, sondern *wir alle* knüpfen ein Netz, indem jeder hält und jeder gehalten wird. In dem jeder erst mal Verantwortung für sich selbst übernimmt, um dann auch für andere einzustehen. – Das klingt ein wenig nach einer Grabrede auf einen verdienten liberalen Politiker. Vielleicht lässt es sich auch anders sagen, ohne Worte wie »Verantwortung«. Ohne das Pathos eines evangelischen Kirchentages à la »Mein Rollstuhl ist unser Rollstuhl«.

Hinschauen und nicht verkrampfen!
Aufstehen! Auch wenn ihr nicht mehr könnt!
Das ist die neue
So – li – da – ri – tät.

Na ja, als Schlachtruf für eine gepflegte Sonntagsdemo mit anschließendem Eisessen würde das vielleicht durchgehen. Mal sehen, ob ich irgendwo ein altes Leintuch finde.

Immerhin habe ich jetzt einen Plan. Mir gefällt die Idee, andere Bewegungen zu unterwandern. Wir müssen nicht von vorne anfangen. Und es hätte noch einen Vorteil: Wir brauchen keinen Verein dafür zu gründen. Wir müssen uns nicht monatelang mit einer Behörde um unsere Gemeinnützigkeit herumstreiten. Wir bereichern einfach die anderen, bis es kracht.

Das wird denen nicht gefallen, die alles auf einen hippen Begriff gebracht haben möchten. Allerdings ist das Leben mit Behinderung in seinen Widersprüchen selbst wenig glamourös. Insofern passt das schon zusammen. Vielleicht reicht zur Ehrenrettung ein elektrisierendes Adjektiv?

Behinderung ist Rebellion, ist *kritische* Solidarität, sie ist keine Selbstverständlichkeit. Das bedeutet, sich nicht mit der erstbesten Antwort zufriedenzugeben, jede »Lösung« nur als vorläufig anzusehen. Wir können uns nicht leisten, dass uns die eigene Rebellion einengt.

Rebellische Solidarität ist eine kritische. Eine abwägende. Eine, die anderen hilft, sich nicht in Geiselhaft nehmen zu lassen. Wohlwollend kritisch, nachfragend. Der Mut, erst dann zu nicken, wenn man die ganze Geschichte gehört hat, und nicht schon davor.

Eine *aufmerksame* Solidarität, genau das ist es. Eine, die keine Parolen ausgibt, sondern Ruhe herstellt. Die Lautstärke runterdimmt.

Noch besser gefällt mir: *wache* Solidarität. Untereinander zumindest die Bereitschaft, etwas zurückzugeben, und sei es nur ein »Danke«. Erhobenen Hauptes. Aufmerksam bleiben. Die eigenen Ansprüche hinterfragend. Die von anderen. Unvoreingenommen. Und Solidarität bedeutet: mehr Schönheit zu wagen. Seinen eigenen Stil zu finden, heißt auch, eine eigene Haltung zu finden.

Wer Schwierigkeiten bei der Aussprache von *Wieauchimmer-Solidarität* hat, bekommt einen Orden. Sobald mir der Begriff zu leicht von den Lippen geht, ist es höchste Zeit für einen neuen. Ausruhen ist in Ordnung, aber nicht auf einem Wort. Geschmeidig bleiben, das Improvisieren nicht verlernen, sein Bündel schnüren und weiterziehen. In der Türkei wünschen ältere Damen anderen »ein Leben wie Wasser«. Das wäre es, auch für uns. Vielleicht brauchen wir am Ende gar keinen Begriff, der alles umschließt. Sondern nur die dazu passende Haltung: Neugierde, einen Blick für Schwächen und für Stärken, Liebe im Widerspruch. Offenheit.

#Aufstehen

Jetzt hört mal gut zu! Heute bin ich ein Behinderter. Morgen bin ich ein Schwuler. Übermorgen rege ich mich mit einer Freundin über ein Interview mit einem alten Machosack auf, und überübermorgen empöre ich mich mit einem türkischen Freund über die letzte Dreistigkeit »seines« Präsidenten. Ich bin jeden Tag ein anderer. Manchmal schwirrt mir der Kopf. Aber egal: Wir schaffen das. Und dieses Mal wirklich.

#BehinderungistRebellion

Ein Spaziergang wird das nicht.

Auf Facebook ruft irgendwer mal wieder zu einer Demo in Berlin auf: »Seid bunt, fröhlich und queer«, heißt es da. Wenn ich so etwas lese, vergeht mir gleich wieder die Lust auf »diversity«. Jeder Mensch hat das Recht auf schlechte Laune, auch die Queeren. Ich möchte nicht fröhlich sein, nur weil jemand auch anders ist, im Rollstuhl sitzt, eine Transe ist oder aus Syrien kommt. Ihn oder sie nur deshalb zu umarmen, ist genauso widersinnig, wie ihn deshalb zu verkloppen. Okay, schmusen ist besser als prügeln. Ich werde nicht an dieser Demo teilnehmen.

Dennoch bleibt ein ungutes Gefühl, das sich zu einem schlechten Gewissen auswächst. So kann sie doch nicht enden, meine Rebellion. Motzend auf dem Sofa, die Füße auf den Rollstuhl gelegt. Ich wollte doch alles unterwandern, überall mitlaufen, jeden Aufstand beklatschen.

Wenige Tage später raffe ich mich zur nächstbesten Demonstration auf, die im weitesten Sinn etwas mit Behinderung zu tun hat (und deren Macher nicht verlangen, dass ich fröhlich bin). Es geht, wenn ich es richtig verstanden habe, um zu hohe Mieten. Das passt, denke ich. Diverser geht nicht.

Da ich zu spät dran bin, fahre ich am Ende mit, direkt vor dem Polizistenblock. Eine Freundin ruft an, wo ich denn bleibe. Sie sei ganz vorne und schon fast am Viktualienmarkt. Kurzerhand verlasse ich den Protestzug und radle mit dem Handbike über Schleichwege an die Spitze.

Von einem Lastwagen aus krächzt sich ein Einpeitscher die Stimme kaputt. Ohne sich oder den anderen eine Pause zu gönnen, fordert er die Menge dazu auf, irgendwelche stumpfen Parolen zu wiederholen oder die Hände hochzureißen. »Die Mieten müssen: runter, runter, runter!« Und die meisten machen mit. Sofort fühle ich mich wieder zu etwas genötigt, wo ich doch einfach nur mitdemonstrieren wollte, ohne blödsinnige Bespaßung.

Ermattet von so viel Enthusiasmus, verabschiede ich mich von der demonstrationserprobten Freundin. Sie findet das alles ganz normal. Bei der nächsten Kreuzung verlasse ich die Demonstration und fahre zur teuersten Pizzeria, die ich mir leisten kann.

#Welttagsrede

Am 2. Dezember, dem Welttag der Menschen mit Behinderung (drunter mache ich es nicht mehr), trage ich auf Bitten des Pfarrers meine Forderungen in der Münchner Paulskirche an der Theresienwiese vor. Allmählich müsste ich das mal als Gewerbe anmelden. Solange aber mein Steuerberater über meine nachlässige Buchführung die Hände über dem Kopf zusammenschlägt, werde ich auch damit kein Eigenheim finanzieren können.

Der Gottesdienst ist sehr überschaubar besucht, sodass ich mir vorkomme, wie der Anführer einer konspirativen Zelle, deren Mitglieder sich rund um eine brennende Mülltonne versammelt haben. Für einen Systemsturz ist es heute viel zu kalt, und die meisten haben Weihnachtsgeschenke im Kopf und nicht die neue Gesellschaftsordnung.

Ich greife mit vor Kälte gefühllosen Händen nach meinem Manuskript und stelle mich im Rollstuhl vor die Gemeinde. So sehen mich maximal die ersten beiden Reihen, doch die Lautsprecher übertragen jedes Wort bis in den letzten Winkel. Auch wenn da nur ein paar Kirchenmäuse bibbern.

Ganz vorne sitzt eine gleichaltrige Frau mit gehäkelter Mütze. Sie nickt mir aufmunternd zu. Ohne Begrüßung beginne ich – da ich mir einbilde, so hätte es mehr Gewicht – mit einer Neufassung des Manifestes:

Eins. Behinderung ist Rebellion.

Das Leben ist zu kurz, um dauerhaft über kaputte Lifte zu jammern. Lasst uns sorgsam mit unseren Kräften haushalten. Um uns nicht zu verzetteln, sondern cleverer zu sein als die Behinderung. Gebt ihr täglich eine Ration Rebellion wie eine Vitamintablette! Ob das was bringt, ist egal, solange wir daran glauben.

Das Publikum zeigt keinerlei Reaktion. Die Frau mit Häkelmütze starrt durch mich hindurch. Für ein paar Sekunden überlege ich mir, die Verlautbarung in einem stillen Gebet auslaufen zu lassen. Doch mein Schweigen würde das Publikum wahrscheinlich mehr überfordern als das Manifest. Also weiter.

Zwei. Ich fordere Ungehorsam, bis es wehtut, keinen kriegerischen, eher einen gepflegten, überlegten, und keinen hemmungslosen, also eher gesittet, kultiviert und gleichzeitig verstörend.

Lasst uns genau das tun, was niemand von uns erwartet! Vorausgesetzt, wir verkrampfen dabei nicht. Denn Verbissenheit kommt nie gut an und macht unansehnlich. Nicht in den Augen der anderen, das kann uns egal sein, sondern in den eigenen.

Lange, bedeutungsschwere Pause. Absolute Reglosigkeit der Frau mit Häkelmütze. Der Pfarrer hinter mir versucht, einen Husten zu unterdrücken.

Drei. Verhalte dich auffällig, wenn niemand es erwartet, und unauffällig, wenn du begafft wirst wie im Zirkus. Hauptsache, niemand kann deine Reaktion voraussagen. Lass die anderen zappeln, das hält auf Trab, um nur ja kein Denkmal deiner selbst zu werden!

Ich stocke. Spreche ich da gerade von mir selbst? Eitelkeit steht Rebellen nur begrenzt.

Vier. Lass dich nicht ungefragt einer Gruppe zurechnen! Lass nicht zu, dass andere mehr über dich wissen als du selbst! Zähl immer falsch und fröhlich mit, sodass am Ende keine Rechnung aufgeht und keine Statistik stimmt!

Fünf. Wehr dich gegen den Blick in den Spiegel. Das bist nicht du, solange du als Erstes die Behinderung siehst.

Ja, anscheinend spreche ich über mich. Ich ertrage mein Spiegelbild immer noch nicht. Und ein Selfie nur, wenn ich ihm mit mindestens drei Filtern die Wirklichkeit ausgetrieben habe.

Sechs. Plappere nicht unüberlegt Forderungen von anderen Behinderten nach, bevor du sicher sein kannst, ob sie angemessen sind! Lass jeden fordern, was sie oder er möchte, und höre zu! Währenddessen kannst du darüber nachdenken, was du selbst verlangen wirst.

Sieben. Tretet ein gegen Beiratseinfalt und narkotisierende Sitzungen! Arbeitsgruppen sind Schlafmittel, lasst euch nicht vom Geschwätz narkotisieren, weder vom eigenen noch von dem der anderen! Schlägt jemand die Gründung von Unterarbeitsgruppen vor, zeigt ihr oder ihm lächelnd die Tür oder geht selbst.

Acht. Zeigt euch, zeig dich auch nackt, wenn dir das besser gefällt! Egal wo, egal wem. Sperr dich nicht weg! Ansonsten zieh an, was dir gefällt, nicht, was andere für dich herauslegen! Wir sind kein öffentliches Ärgernis, egal was wir tragen.

Neun. Ich will innehalten. Es wird nicht alles gut. Das ist ein Beruhigungsdrops für Kinder, das mit den Jahren seine Wirkung verliert. Manchmal reicht es, dass es nicht schlechter wird.

Zehn. Haltet euch an die klügste Regel des Heiligen Benedikt! Sie besagt, dass jeder Streit noch vor Sonnenuntergang befriedet sein soll.

Elf. Sei dir stets bewusst, wie dünn das Eis ist! Es bricht so schnell. Selbst wenn dich die anderen beklatschen und dir zu deinem Mut gratulieren. Nicke huldvoll, aber bleibe wachsam!

Zwölf. Macht es den Nashörnern nach! Ihr Horn bleibt ihnen ein Leben lang, selbst wenn es sich im Alltag und in Kämpfen abnutzt. Manchmal bricht es sogar ab, doch es wächst wieder nach. Fluch und Segen zugleich, wie eine Behinderung. Jedes Nashorn ist ein Einhorn.

Meine Worte verhallen im Halbdunkel des riesigen Kirchenschiffes. Die Frau mit der Häkelmütze verabschiedet sich kurz darauf mit vielen schnellen Verbeugungen und eilt davon. Zumindest gefühlt ist es noch kälter geworden.

Noch während meiner Ansprache wollten die Helfer damit beginnen, die provisorische Rampe abzubauen. Der Pfarrer konnte sie durch heftiges Winken gerade noch davon abhalten. Zunehmend unruhig warten sie nun. Lange sollte das nicht mehr dauern. Ich beeile mich und beantworte die Fragen im Anschluss kurz angebunden. Niemand erzählt heute von seinem Zivildienst. Danach wird wohlwollend und kompakt applaudiert. Die Kälte diszipliniert mehr, als ich es mit noch so dringenden Appellen geschafft hätte.

Die Rampe schließlich, die meinetwegen bis jetzt stehen bleiben musste, ist nun so vereist, dass der Pfarrer, der eigentlich mir helfen möchte, sich an meinem Rollstuhl festhält. Draußen empfängt uns ein eisiger Wind.

11 // Abgesang

#Lernzielkontrolle

Anne stellt bedeutungsvoll ihre Kaffeetasse ab und sieht mich erwartungsvoll an. Sie ist gespannt auf den einen durchdringenden Schlachtruf der Rebellion. Lange genug geredet habe ich ja nun davon. Das müsse sich doch nun irgendwie verdichten, schließlich sei ich doch Schriftsteller. Da könne man schon mehr als heiße Luft und abgehalfterte Anekdötchen erwarten.

Lange überlege ich, ob ich nicht irgendeine steile These für sie herzaubern könnte, etwas, womit sich die ganze Rebellion zusammenfassen ließe. Mit der könnte man durch Talkshows tingeln. Aber genau diese eine Vereinfachung gibt es nicht. Eindeutig ist viel genug, nur Behinderung nicht. Die einfachen Antworten fallen aus, sie schillert, mal giftgrün, mal pastellblau. Deswegen läßt es sich nicht auf eine Maxime zusammendampfen.

Was habe ich gelernt? In Zukunft möchte ich nicht mehr jede Äußerung über Behinderte sofort auf mich beziehen. Ich bin nicht immer mitgemeint und muss mich nicht immer belangt fühlen, sobald es irgendwie um Behinderung geht. Ich brauche nicht auf alle vorgebrachten Meinungen, gerade die pauschalen, mit einer Gefühlsaufwallung zu reagieren. Da, wo ein neuer, vielleicht auch abwegiger Gedanke auftaucht, möchte ich ihn aufgreifen können, ohne mich reflexartig angegriffen zu fühlen. Ich bin auch nicht verpflichtet, nur wegen des Rollstuhls Fragen über die Bedürfnisse von Kindern mit Down-Syndrom zu beantworten. Es gibt keine automatische Mithaftung.

Ich möchte auch klarer werden in der Formulierung dessen, was ich möchte oder nicht. Höflich und bestimmt.

Mal begegne ich anderen Rollstuhlfahrern, die mir komplizenhaft zulächeln, und denke: »Was fällt Ihnen ein, fremder Mensch? Wir kennen uns nicht, und ich möchte das nicht ändern.« – Mal grüße ich verschwörerisch zurück, und manchmal grüße ich sogar als Erster.

Wenn wir schon nicht schneller laufen können als die anderen, müssen wir wenigstens schneller denken. Und um eine Ecke weiter. Wenn die anderen noch Luft holen, müssen wir schon »Hier!« schreien. Und wenn die anderen murmeln »Ich weiß auch nicht«, müssen wir sagen »Aber ich«.

Wir müssen uns irgendwie in Talkshows mogeln, selbst wenn es dort nur um die letzte verstörende Äußerung des amerikanischen Präsidenten geht. Und wir können in einem Nebensatz immer mal wieder einstreuen, dass man mit Rollstuhl auch Finanzminister oder Ministerpräsidentin werden kann, auch wenn das mit dem eigentlichen Thema nichts zu tun hat.

Ich höre schon jetzt das große Aufseufzen: Jetzt müssen wir uns noch um *den* ganzen Scheiß kümmern ... Nein. Wir müssen gar nichts. Nur müssen die anderen auch nichts, und das ist das Problem. Sie müssen keine Lifte bauen. Sie müssen keine Barrieren abbauen. Also unterhalten wir sie doch ein wenig.

Wir sind freie Menschen, also nehme ich das *müssen* zurück. Wenn uns danach ist, *könnten* wir.

Anne nickt enttäuscht. Wieder habe ich sie mit meinem Gerede enttäuscht. Sie hat sich etwas Spektakuläreres erwartet, wenn schon nicht brennende Barrikaden, dann wenigstens eine

Geschichte darüber, wie ich sie angezündet hätte. Und nun das: Anbiederung auf ganzer Linie.

Ich nicke: »Genau, anbiedern, bis es kracht.«

»Jetzt verstehe ich«, sagt Anne, »du hast den Straßenkampf im spießigen Haidhausen ausgerufen. Auf in den Kampf!«

Zwei Wochen später schreibt sie mir eine E-Mail: »Lieber Max, jetzt verstehe ich dich besser. Du sagst immer, alles sei so zerbrechlich. Eine falsche Bewegung, und der Bandscheibenvorfall ist da. Wahrscheinlich wird etwas zurückbleiben, wenn es gut läuft… Wobei das Rebellieren mir jetzt einigermaßen schwerfallen wird.«

Herzlich willkommen im Club, liebe Anne! Hoffentlich kann ich dich bald als Mitrebellin gewinnen.

#Ahnengalerie

Während sich meine Mitschüler im Gymnasium für krachend lauten Rap begeisterten, erbettelte ich mir von den Großeltern das Geld für unverhältnismäßig große Lautsprecherboxen, über die ich die ganze Siedlung mit Richard Wagner beschallte. Hauptsache laut und am liebsten die *Götterdämmerung*, den Teil, wenn die ganze Welt zusammenbricht. Drunter machte man es mit siebzehn eben nicht.

Irgendwann schenkte mir ein Nachbar eine CD mit Beethoven-Streichquartetten. Besonders für eines der letzten begeisterte ich mich sofort. Die große Fuge in c-moll, eines der sperrigsten, eigenwilligsten Werke der Wiener Klassik, fast so effektiv verstörend wie die brennenden Scheite am Rande des Rheins. Wahrscheinlich bereute der Nachbar sein Geschenk nach wenigen Tagen.

Der alte, langsam ertaubende Beethoven musste keine Rücksicht mehr auf den Geschmack seiner Zeitgenossen nehmen. So konnte er die Tonalität an Grenzen führen. Und das funktionierte auch zweihundert Jahre später noch.

Ich hörte den Track verzaubert auf Endlosschleife. Heute spüre ich beim Hören noch etwas anderes, neben dem Furor und der Schroffheit des Hörbehinderten. In der Musik steckt auch eine Freiheit, die man nur gewinnen kann, wenn man mit seiner Behinderung lustvoll umgeht. Lustvoll streitend, lauthals klagend.

Beethoven war der erste behinderte Rebell, der etwas Bleibendes daraus gemacht hat. Ein gehörloser Titan.

Wüsste ein behinderter Gott denn eigentlich, dass er selbst behindert ist?

Was, wenn auch Gott sein Gehör verloren hätte? Dies würde einige unerhörte Gebete erklären. Ich kann ihn mir nur vornehmlich mit sich selbst beschäftigt vorstellen. Und ich kann ihn mir kaum fröhlich denken. Aber vielleicht gehört das dazu. Wahrscheinlich ist das unausweichlich, wenn man für das Wohl der Welt verantwortlich ist.

Schaut man genauer hin, macht Behinderung selbst vor Göttern nicht halt. Besonders imponierend sind in diesem Zusammenhang die Germanen, während es die Griechen nur zu einem hinkenden Schmied gebracht haben.

Wotan in der *Götterdämmerung* hat nur noch ein Auge. Was wohl dafür steht, dass er den eigenen Untergang nicht sehen möchte. Sei's drum. Wagner verpasst ihm zur Sicherheit noch eine weitere Behinderung. Denn Wotan stolpert mit seinem Gehstock, der einmal ein Speer gewesen ist, durch eine ihm fremd gewordene Welt. Er hat keine Aufgabe mehr und wartet nur noch auf das Ende. Seine Freiheit ist grenzenlos, genau wie seine Machtlosigkeit.

Eigentlich sollten alle Götter behindert sein. Ich werde diese These bei meiner nächsten Predigt in der Kirche oder vor Religionslehrern ausprobieren.

#Chorprobe

Normalerweise sind Rebellionen etwas für den Übergang. Ausnahmezeiten, keine Dauereinrichtungen wie eine Behinderung. Aufstände schlafen irgendwann ein oder werden eingeschläfert. Das scheint zwangsläufig so sein zu müssen, denn es ist gar nicht so einfach, die dafür nötige Energie dauerhaft aufzubringen. Aus Sicht der Herrschenden ist es auch ziemlich anstrengend, dauernd ein Auge auf die Rebellen zu haben. Die dauernde Sprungbereitschaft zum Widerstand auf der anderen Seite erfordert Unmengen an Disziplin. Und Aufmerksamkeit, um immer an der richtigen Stelle loszuplärren, selbst wenn man gerade ziemlich müde ist. Oder eben, genauso wichtig, zu wissen, wann man besser die Klappe hält.

Ein Jahr ist ins Land gezogen, ein wie immer zu kurzer Sommer, ein verregneter Herbst, ein ausgefallener Winter, und nahezu unbemerkt ist der nächste Frühling da. Das Thema Behinderung dümpelt weiter auf den hinteren Plätzen herum. Es gab keinen großen Aufreger, der es nach vorne gespült hätte. Und nach wie vor meinen zu viele nicht davon Betroffene Bescheid zu wissen, trotz aller Wortmeldungen von Menschen mit Behinderung. Diese Form von gut gemeinter Übergriffigkeit bringt mich immer mehr auf, mehr noch als Gleichgültigkeit. Dabei kenne ich die Gefahr, der die Nichtbehinderten erlegen sind. Je mehr sie gesehen haben, je mehr Gespräche sie geführt haben, desto leichter meinen sie zu wissen, was Betroffene brauchen, auch ohne sie zu fragen. *Doch man wird auch älter unterdes.*

Dabei kann ich mir nicht mal selbst über den Weg trauen. Wie sollte sich dann ein Dritter besser auskennen? Vielleicht widerspreche ich oder mein Körper mir morgen schon selbst. Wie will da jemand anderes in meinem Namen sprechen? Das kann nur schiefgehen. Es liegt in der Natur von Behinderungen, dass sich etwas verhakt. Wer die perfekte Harmonie braucht, muss sich ein anderes Betätigungsfeld suchen.

Wie bereits im vergangenen Jahr haben ein paar Gleichgesinnte und ich zu einer Demonstration aufgerufen. Unter uns nennen wir sie Parade, aber das ist kein verwaltungstauglicher Begriff. Als Titel haben wir, in Ermangelung eines besseren Einfalls, wie schon im Jahr zuvor »Behinderung ist Rebellion« auf das Anmeldeformular geschrieben. Diesmal soll sie vom Sendlinger Tor bis ins Münchner Westend führen. Zum Auftakt wird es einen Flashmob geben. Damit jedoch alle Chöre und zwei Bands wie zufällig auftauchen können, braucht es eine minutiöse Planung. Und ein Lied, das als Hymne taugt und gleichermaßen bekannt ist. Nach einer umfangreichen E-Mail-Korrespondenz einigen wir uns auf »All you need is love«. Schließlich passt das auch noch zum Thema. Bei der ersten Probe fällt mir erst bei der dritten Strophe auf, dass eine blinde Frau in dem Chor mitsingt. Kenntlich nur an dem Respekt, den sie im Umgang mit ihrem Hund zeigt. Wir sind überall, manchmal sogar unbemerkt.

Plötzlich erfüllt es mich mit Stolz. Darüber, dass da gerade an verschiedenen Orten der Stadt geprobt wird. Darunter sind einige, die nicht einmal genau wissen, wozu eigentlich unter dem Motto »Behinderung ist Rebellion« paradiert wird. Menschen, die aus ganz unterschiedlichen Gründen zu der Chorprobe gekommen sind. Weil sie nicht allein sein wollten, weil eine Freundin sie mitgeschleppt hat, weil sie gern singen… Dennoch sind sie alle hier. Es ist etwas in Bewegung gekommen, vielleicht nur hier in dem Dorf namens München, aber was soll's?

Etwas leichtfertig habe ich für die Parade die Verlesung eines neuen Manifestes angekündigt. Und nun weiß ich gar nicht, was ich noch fordern könnte. Es ist doch schon alles gesagt. Mir fällt partout nichts mehr ein.

Ein vorausschauender Rebell mischt unter seine Forderungen komplett verrückte, banale, selbstverständliche, abwegige und schließlich auch ein paar vernünftige Dinge. Sodass jeder findet, was er erwartet und ebenso, was er nicht erwartet. Manifeste, die nur beklatscht werden, sind etwas für die bereits Bekehrten.

Was kann ich jetzt noch wollen? Ich setze mich in ein Café und beobachte einen kleinen Jungen. Lautstark empört er sich darüber, dass dem Wirt das Vanilleeis ausgegangen ist. Seine Großmutter tröstet den schreienden Enkel, indem sie ihm bestimmt und mit klarer Artikulation wieder und wieder erklärt: »Es ist alles möglich. Jetzt schrei nicht rum. Es ist alles möglich.«

Nachdem sie abgezogen sind, schreibe ich das nächste Manifest bei einem Espresso runter.

1. Behinderung ist Rebellion. Wer das bis jetzt noch nicht gemerkt hat, an sich oder anderen, sollte genauer hinschauen.
2. Wir stellen uns den Widersprüchen des eigenen Lebens. Und wir werden uns die Hoheit darüber zurückerobern. Nicht das, was nicht geht, definiert uns, sondern wie wir damit umgehen.
3. Frei nach Kant: Habt Mut, euch euren eigenen Behinderungen zu stellen!
4. Keine Durchhalteparolen mehr für Nichtbehinderte! Es ist alles viel schlimmer, als ihr denkt. Stellt euch mal vor, ihr würdet auf einem Stuhl sitzen müssen, und dann noch mit Rollen dran, ist das nicht grauenhaft? Seht ihr! – Werdet endlich erwachsen, und lasst euch nicht so einfach manipulieren.
5. Und sucht euch jemand anderen zum Kuscheln! Wie die Bachmann schon sagte: *Die Wahrheit ist dem Menschen zumutbar.*

6. Behinderung ist ein fortgesetzter Widerspruch aus Über- und Unterforderung, aus Schwäche und Stärke, Verzagtheit und Aufbruch, Macht und Ohnmacht. Kurz, sie ist das Leben, nur radikaler. Lasst sie uns feiern! Und lasst uns all die Fehler machen, aus denen wir etwas lernen können! Kurz, gebt uns die Luft zu atmen! Lasst uns an die Wand fahren mit aberwitzigen Ideen! Lasst uns krachend bankrott gehen! Lasst uns mit dem Kopf durch die Decke und an diese stoßen!

Und ich selbst? Was fordere ich als ergrauender Querulant von mir?

Also zunächst muss ich lernen, nicht alles zu tun, nur um gemocht zu werden. Selbst wenn es schmerzt, möchte ich den Dingen auf den Grund gehen.

Die Oberfläche allein zählt nicht. Nicht irgendeine Rampe irgendwo. Behinderung heißt, nicht den direkten Weg zu nehmen und sich dabei nicht zu verlieren. Ich bin bei mir.

Ich sollte endlich rausgehen und mich nicht hinter meinen Manifesten verstecken. Ich fordere also abschließend, das Fordern einzustellen.

Hoffentlich bemerke ich den Zeitpunkt, wenn ich alles zu dem Thema gesagt habe, was für mich von Belang ist. Dann sind andere dran, und ich möchte wieder zuhören können. Das wird das Schwerste, nicht zum Experten zu verkommen, der sich auf dem ausruht, was er zu wissen meint. So könnte das klappen mit der Solidarität.

Ich schließe die Augen und stelle mir vor, wieder laufen zu können und trotzdem auf dem Rollstuhl sitzen zu bleiben, nur weil ich es so möchte.

Es lebe die Rebellion!

#KaputterLift

»Du kannst doch schreiben.«

Der Vorwurf in Annes Stimme ist nicht zu überhören. Gerade habe ich ihr von einer mehrstündigen Odyssee durch München erzählt. Eigentlich wollte ich meinen Vater im Krankenhaus besuchen, scheiterte aber an drei kaputten Liften in Folge. Nach drei Wochen hat ein Spaßvogel von der Deutschen Bahn einen verbarrikadiert und ein rot leuchtendes Schild aufgehängt. Auf dem steht: *Zutritt verboten – Lebensgefahr.*

»Da musst du dich beschweren. Schreib einen Brief! So einen richtig gesalzenen, das kannst du doch. Sind doch bald Wahlen, das musst du nutzen.«

»Aber an wen? Im Zweifel fühlen sie sich nur wieder angegriffen.«

»Egal, dann schreib halt an alle! Fang oben an, und arbeite dich dann die Hierarchie runter! Runter und dann wieder rauf.«

Daheim setze ich mich an den Computer und beginne die Beschwerde: Sehr geehrter Herr Ministerpräsident ... – Nach der Anrede hänge ich fest. Der Gegenstand meines Ingrimms steht in keinem Verhältnis zu meinem Groll: ein kaputter Lift. Und nun die ganz große Oper wegen so einer Trivialität?

Ich möchte mein Leben nicht auf Banalitäten wie kaputte Aufzüge und Behindertentoiletten verengen. Mein Leben ist unendlich reicher und zu kurz, um mich dabei aufzuhalten. Schluss jetzt mit dem Unfug!

Es hat auch etwas Entwürdigendes: dass ich mit Mitte vierzig Empörungsbriefe schreiben soll wie mit siebzehn. Damals habe ich dem damaligen Kultusminister einen wahrlich wütenden Brief geschrieben. Warum es in Bayerns Gymnasien nicht mehr Freiheit gebe, mehr Diskussion, mehr Widerspruch. Warum das

Schulsystem in Bayern so verstaubt sei, reaktionär, wenig transparent, undemokratisch... Der Brief eines pickligen Rebellen. Antwort habe ich damals keine erhalten. Dieses Mal rechne ich höchstens mit den abgequälten Phrasen eines Sachbearbeiters.

Damals wurde ich ein paar Wochen später allerdings zum Direktor zitiert. Vor ihm auf dem Tisch lag mein Brief. Ich erinnere mich noch an mein Erstaunen, da ich darin mein Gymnasium gar nicht benannt hatte.

Mein Anliegen sei ja ehrenwert, begann der Direktor vorwurfsvoll, aber warum habe ich das nicht im Vorfeld mit ihm abgesprochen? Man könne doch mit ihm über alles reden. Ach wirklich, dachte ich und schwieg verstockt.

Jahre später hat mir dann jemand erzählt, dass sich der Direktor zum Zeitpunkt meines Briefes noch Hoffnungen auf eine Karriere im Kultusministerium gemacht habe. Vergebliche Hoffnungen, wie sich rückblickend herausstellte.

Ich denke an den Sachbearbeiter – und lösche die Datei.[1]

Irgendwann, so sage ich mir, werden sowohl er als auch der dann ehemalige Ministerpräsident mit ihrem Rollator vor einem kaputten Lift stehen. Hoffentlich müssen sie dann gerade ganz dringend aufs Klo.

---

[1] Der erwähnte Lift war dann 86 Tage außer Betrieb. Gut nur, dass Bücher schreiben so eine langwierige Angelegenheit ist. Wenn man dies als Ausweis für die Leistungsfähigkeit Deutschlands nimmt, muss man mehr als alarmiert sein. Zumal mein Lektor und ich einige kaputte Lifte aus dem Manuskript gestrichen haben, um niemanden zu ermüden. Und diese wiederum nur eine Auswahl bildeten. Und es zeugt auch nicht von ausgeprägtem Problembewusstsein, wenn das durchaus vorhandene Geld nicht in die Reparatur investiert wird, sondern in den Ausbau des Beschwerdemanagements. Genug jetzt damit.

#Parade

Am Tag der Parade verfinstert sich der Himmel mit jeder Minute. Und das nach acht Wochen Sonnenschein. Wir sind unschlüssig, ob wir das Ganze absagen sollen oder nicht. Nach all der Proberei. Die Chorleiterin möchte nicht für ihre Sängerinnen entscheiden. Jemand meint, dass bei schlechter Witterung die elektrischen Rollstühle auf der Strecke liegenbleiben könnten. Ich erwidere, dass gerade Behinderte viel Erfahrung darin haben, bei Regen vor einem nicht funktionierenden Lift zu stehen. Schließlich rät uns selbst die Polizei wegen einer Unwetterwarnung mit Hagel zur Absage. Zwei der Mitorganisatorinnen machen sich mit Schirm bewaffnet auf, um alle einzusammeln, die sich trotzdem zum Startpunkt durchgeschlagen haben.

Völlig durchnässt kommen sie nach einer Stunde wieder, im Schlepptau drei mutige Rollstuhlfahrer. Da hat es schon zu regnen aufgehört, und die Sonne scheint wieder. Wir trinken Wein, das Manifest bleibt unverlesen.

Genau eine Woche später versuchen wir es erneut. Diesmal ist gleich für den ganzen Tag Dauerregen angesagt, der aber just zu Beginn der Demonstration enden soll. Es dann aber nicht tut. Noch eine Absage verbietet die Ehre. Und selbst wenn wir nur zu fünft sind, werden wir das nun durchziehen.

Trotz aller Widrigkeiten tauchen immer mehr Paradierwillige am Sendlinger Tor auf, mit und ohne Rollstuhl. Nun komme ich nicht mehr um die Proklamation des Manifestes herum. Ich verlese es durch ein Megafon, und der Regen unterstreicht jede Forderung. Der frenetische Applaus gilt wahrscheinlich nur zur Hälfte dem Manifest, zur anderen klatscht man sich für den weiten Weg durchs Bahnhofsviertel Mut zu.

Auf halber Strecke überlege ich kurz, ob ich mich nicht bei

der nächsten Kreuzung davonstehen sollte. Ich könnte ja sagen, dass ich nicht mehr kann wegen meiner Behinderung.

In Ermangelung eines offiziellen Versammlungsleiters hat unser Kontaktpolizist mich aber als seinen Ansprechpartner auserkoren und lässt mich nicht aus den Augen. Der immer stärker werdende Regen scheint ihm nichts auszumachen.

»Was meinen Sie, sollten wir das Ganze nicht abkürzen?«, frage ich ihn. Er überlegt ein paar Sekunden, schaut in den Himmel und antwortet:

»Nix da. Des zieh' ma jetzt durch.«

#Sommerschönheit

Am Ende des Bahnsteigs kreuzt eine Landstraße die Gleise. Für mich ist sie versperrt durch einen überdimensionierten Eingang zur Unterwelt. Mit der Unterführung haben es ein paar Sicherheitsfanatiker wieder einmal zu gut gemeint, denn die Landstraße ist kaum befahren. Auf beiden Seiten der Treppe ist mit dem Rollstuhl kein Vorbeikommen. Gras sprießt zwischen den verwitterten Platten des Bahnsteigs.

Mir bleibt nichts anderes übrig, als die hingetupften Wölkchen am Sommerhimmel zu zählen. Oder ich bleibe als Denkmal meiner selbst für immer hier. Immerhin soll die nächste S-Bahn bereits in einer Viertelstunde kommen.

Bei der nächsten Station folge ich möglichst unauffällig einer Gruppe von Schülern an einem Zaun entlang. Die meisten haben Gehbehinderungen und stützen sich gegenseitig. Wir haben wohl das gleiche Ziel: die Theateraufführung der nahe gelegenen Waldorf-Förderschule.

Die Schulleiterin erwartet mich bereits am Eingang. Ich komme mir vor wie der Schulinspektor, dessen Wohlwollen von höchster Bedeutung ist. Ungefragt listet sie die Umbaumaßnahmen des letzten Jahres auf. Ich nicke schweigend. Im Lift nach unten entschuldigt man sich dafür, dass die Anzeigetafel der Stockwerke schon viel zu lange nicht mehr funktioniere. Ich nicke wieder, diesmal stirnrunzelnd.

In dem verdunkelten Saal – halb Turnhalle, halb Aula – berichtet die Schulleiterin, dass es in der fünfzigjährigen Schulgeschichte noch nie eine Abschlussklasse gegeben habe, in der niemand sprechen könne. Man habe sich deswegen nach ausführlichen Diskussionen im Kollegium für ein Tanztheaterstück entschieden. Die Wahl des Stoffes hingegen sei leichtgefallen: Dornröschen. Das werde mir als Schriftsteller besonders gefallen. Die schlafende Prinzessin in ihrem hundertjährigen Schlaf befinde sich wie die Jugendlichen auf der Schwelle zu etwas Neuem, Unerhörtem. Einer neuen Herausforderung zumindest, die für die Absolventen nun ebenso bevorstehe. Wohlweislich verschweigt sie, dass für die meisten von ihnen diese Zukunft kein Versprechen ist.

Das Stück beginnt im Geist der Eurythmie mit einer Tanznummer des gesamten Ensembles aus Schülern, deren Helfern und den Lehrern. Erzählt wird die unbeschwerte Zeit der Prinzessin vor dem langen Schlaf, während der ein Kinderwagen und ein dazugehöriger junger Mann eine zentrale Rolle spielen. Doch dann nimmt das Unheil seinen Lauf, und Dornröschen schläft ein.

Besonders angetan bin ich von der Zwölften Fee, einem in seinem Rollstuhl festgeschnallten Jungen. Er tanzt auf seine ganz eigene Weise, gegen jeden Rhythmus und doch voll dabei und sich seines bedeutenden Auftrags bewusst. Schließlich ist er es, der das Schlimmste verhindert. Denn die Zwölfte Fee mildert das Urteil der bösen Hexe ab. Nicht ewig soll Dornröschen schlafen, sondern nur hundert Jahre, bis ein Prinz sie wachküsst.

In der Aufführung sagt sie das zwar nicht direkt, aber zeigt es mit einer ruckartigen Bewegung des rechten Arms. Während für uns verzagte Skeptiker eine Zuspielung geduldig die Handlung erklärt, bis es auch der Letzte im Publikum verstanden hat.

Schließlich kommt es, wie es kommen muss. Der Prinz, ein stämmiger junger Mann, küsst die Prinzessin ungestüm wach. Und schon wenig später ist alles bereit für eine glückliche Familiengründung. Unsicher blinzelt der Prinz ins Publikum, ganz so, als ob ihm das jetzt doch eine Spur zu schnell gegangen wäre. Doch zu spät, das Happy End ist nicht mehr aufzuhalten. Unvermittelt wird es dunkel, der Vorhang ruckelt zu.

Beim Applaus blitzen die Augen der Mitwirkenden auf. Er wird nicht routiniert hinter sich gebracht wie sonst oft im Theater, sondern mit jeder Faser genossen. Besonders von der Dornröschen-Darstellerin, einer jungen Frau mit Down-Syndrom.

An der Rampe bleibt sie stehen, nun eine Ehrfurcht gebietende Herrscherin, die Arme weit ausgebreitet und über das ganze Gesicht strahlend. Das Publikum klatscht beflissen. Alle anderen Mitwirkenden verbeugen sich, treten ab und wieder auf und verschwinden schließlich laut feixend. Nur sie, die Prinzessin, steht weiter da und nimmt huldvoll den dünner werdenden Applaus entgegen. Eine Helferin versucht sanft, sie von der Bühne zu führen. Doch sie schlägt die hingehaltene Hand weg und verbeugt sich unbeirrt weiter. Sie ist die Herrscherin des Augenblicks. Ganz bei sich im Hier und Jetzt.

Und ich? Sofort geht es wieder los, und ich denke darüber nach, welche vergifteten Komplimente ich der Schulleiterin nach der Aufführung machen werde. Und rechne die Abfahrtszeiten der S-Bahn aus... Ich sehe wieder auf die Prinzessin. Plötzlich hört das Geplapper in meinem Kopf auf, und es wird still in mir. Der Quälgeist in mir hält einfach mal seine Klappe.

Die Prinzessin verbeugt sich unbeirrt weiter, sieht mich

flüchtig an, ohne mich zu meinen. Sie ist die Einzige in dem Raum, die das Theater ernst nimmt. Für sie ist es keine pädagogische Notlösung, keine Beschäftigungstherapie, kein Pflichtprogramm – nein, sie macht aus der Mehrzweckhalle wirklich eine Bühne, auf der es um alles geht. Um die Liebe, und wie wir dem Leben mit all seinen Behinderungen würdig gegenübertreten können. Pflichtschuldig fange ich wieder an zu klatschen. Wie sie möchte ich in der Gegenwart bleiben, mit all ihren Widersprüchen, mitsamt den unaufgelösten Akkorden. Verwirrt, überfordert, hilfsbedürftig, so unsicher wie selbstsicher. Plötzlich wird mir klar: Auch ich habe ein Recht darauf, nicht viel mehr zu wissen über Behinderung wie jeder andere. Ich bin nicht der Hohepriester, ich will leben und nicht erklären. Ich bin meine Widersprüche. Danke, Dornröschen.

> Ich fordere das uneingeschränkte Recht, mir auch weiterhin jederzeit selbst nach Strich und Faden zu widersprechen.
> Ich will nicht Bescheid wissen, sondern fragen.
> Und jetzt Schluss mit den Forderungen. Es reicht.

Das Publikum klatscht aus Höflichkeit weiter, jedoch zunehmend ratloser. Niemand will der frisch gekrönten Königin die Freude vermiesen. Sie fordert gelebte rebellische Solidarität ein. Ob das jetzt hundert Jahre so weitergehen wird? Selbst die Zwölfte Fee wird dann in Rente gegangen sein. Wer wird uns schließlich wachküssen? Auf einmal fasst sich jemand ein Herz und schaltet das Licht ab.

Wenn sie nicht gestorben ist, steht die Prinzessin noch immer auf ihrer Bühne und verbeugt sich. Aufrecht und voller Würde im Angesicht dieser wunderschönen, behinderten Welt.

12 // #BehinderungistRebellion

**Das Manifest. Vorläufig endgültige Fassung
(bis zur nächsten Überarbeitung)**

An alle
1. Ohne Staus und Behinderungen geht es nicht.
2. Nie vergessen: Die Musik spielt im Hier und Jetzt.
3. Ich fordere zivilen Ungehorsam.
4. Lasst euch nicht ungefragt einer Gruppe zurechnen!
5. Betulichkeit wird zum Ersten des Folgemonats ersatzlos gestrichen.
6. Empört euch (vergesst nur nicht, euch vorher zu schminken)!
7. Stellt euch den Widersprüchen und Behinderungen des eigenen Lebens (gerade ihr Älteren)!

An alle Nichtbehinderten
8. Werdet endlich erwachsen, und lasst euch nicht widerspruchslos von Behinderten manipulieren!
9. Sucht euch jemand anderen zum Kuscheln!
10. Jeder hat das Recht darauf, seine eigenen Fehler zu machen, auch Behinderte.
11. Schaltet das Hirn nicht auf Standby, sobald ihr jemanden mit Behinderung seht!
12. Ich fordere die Aussetzung von Durchhalteparolen für andere.

13. Hilf immer so, wie du willst, dass dir selbst geholfen wird!
14. Habt Mut, euch euren eigenen Behinderungen zu stellen!

An alle mit Behinderung
15. Wir alle sind die Mitte der Gesellschaft.
16. Wir müssen uns nicht alle mögen, nur respektieren.
17. Verhaltet euch auffällig, wenn niemand es erwartet und unauffällig, wenn ihr begafft werdet wie im Zirkus!
18. Jeder Mensch mit Behinderung ist anders, jedes »Wir« ist eine Hilfskonstuktion.
19. Zählt immer falsch und lautstark mit, sodass am Ende keine Rechnung aufgeht und keine Statistik stimmt!
20. Lasst nicht zu, dass andere mehr über euch zu wissen vorgeben als ihr selbst!
21. Plappert nicht ungedeckte Forderungen von anderen Behinderten nach, ohne davon überzeugt zu sein.
22. Ich fordere das Verbot von Diskussionen über Barrierefreiheit, wenn am Tisch doch wieder nur Menschen mit Behinderung sitzen.
23. Zeigt euch, auch nackt, wenn euch das gefällt!
24. Lasst euch nicht wegsperren!
25. Reißt allen Beiräten ihre Orden herunter und erklärt sie zu Räten der ersten Stunde
26. Zieht an, was euch gefällt, und aus Prinzip nicht das, was andere für euch ausgesucht haben!
27. Ein Rollstuhl ist keine Lagerstätte für Jutebeutel.
28. Lasst uns immer das »Wir« nehmen, das gerade am Erfolgversprechendsten klingt!
29. Nicht das, was nicht geht, definiert uns, sondern wie wir mit unseren Begabungen umgehen.
30. Vermeidet den Blick in den Spiegel, solange ihr als Erstes die Behinderung seht!

An alle Behindertenfunktionäre und Sympathisanten

31. Bei jeder Sitzung, jeder Tagung, jedem Symposium wird künftig als Erstes abgefragt, wie viele sich zu ihrer eigenen Behinderung bekennen. Das Ergebnis wird laut verkündet.
32. Lasst das leere Gerede über Behinderung um des bloßen Redens willen!
33. Macht in der frei gewordenen Zeit etwas Sinnvolles, anstatt die nächsten Aktionspläne zu konzipieren!
34. Glaubt euren Statistiken: Die Alten mit ihren Behinderungen sind die größte Herausforderung.
35. Traut euch, lieber etwas falsch als gar nichts zu machen!
36. Lasst uns neue Verbündete suchen, die niemand mit Behinderung in Verbindung bringt!
37. Ausgedehnte Zwangsurlaube zum Nulltarif in einem abgelegenen Teil von Sibirien für Städteplaner, die im 21. Jahrhundert noch Kopfsteinpflaster verlegen (gerne gemeinsam mit ihren Freunden vom Denkmalschutz).
38. Jeder, der bei einer Zusammenkunft sagt »Die Gesellschaft muss ...«, gibt eine Runde Schnaps aus.
39. Jeder, der reflexhaft genickt hat, muss den Schnaps auf Ex trinken.
40. Politiker, die sich nur im Wahlkampf mit Behinderten fotografieren lassen, werden in die nächstgelegene Behindertenwerkstatt eingewiesen.
41. Alle Behindertenfunktionäre mögen sich miteinander in einem Raum mit schöner Aussicht einsperren, bis dieses Manifest um eine gemeinsame Forderung ergänzt ist.

An mich

42. Ich bestehe darauf, mir selbst zu widersprechen.
43. Ich möchte möglichst genau beschreiben, selbst wenn mir die Hände nicht mehr gehorchen.

44. Nicht jedes Abenteuer muss bis zum bitteren Ende durchgestanden werden.
45. Es gibt noch andere Themen als Behinderung, sie ist nicht alles. Auch wenn sie alles einfärbt.
46. Ich bin kein Experte, für gar nichts.
47. Ich fordere mich ultimativ auf, endlich das Fordern einzustellen.

Schlussbestimmungen

48. *#BehinderungIstRebellion* ist in jeden kaputten Lift und jedes gedankenlos geparkte Auto zu kratzen (und in jeden SUV, egal wo er steht).
49. Dieses Manifest ist unverzüglich, und ohne Aufmerksamkeit zu erregen, umzusetzen und anschließend in der Papiertonne zu entsorgen.
50. Ach, ja nicht vergessen: Hinschauen und nicht verkrampfen, so aufrecht wie irgend möglich!
51. Wem einzelne Forderungen nicht passen, streicht diese einfach und schreibt seine daneben.
52. Es gelten zeitlich und räumlich uneingeschränkt die allgemeinen Menschenrechte.

Dank

Michaela Ausfelder – Verena Bentele für ihr offenes Lachen – Angelica Fell für ihren unerschütterlichen Enthusiasmus – Andrea Huber, ohne die die Rebellion nur halb so viel Spaß machen würde – Regina Kammerer, die an dieses Buch lange vor mir geglaubt hat – Raul Krauthausen für seine Rebellion – Anna Mülter für den Berliner Blick – Lisa Pfahl für die Ausblicke auf die *disability studies* – Susanne Plaßmann, geniale Bühnenpartnerin und Freundin – Martin Pröstler – Peter Radtke für sein Rebellentum mir gegenüber – Konstanze Riedmüller und die Zwölfte Fee – Julian Rosfeldt unbekannterweise für sein Hohelied der Manifeste – Christine Schneider – Volker Schönwiese – Jacob Thomas – Frédéric Valin

und Serafino natürlich

Sollte diese Publikation Links auf Webseiten Dritter enthalten,
so übernehmen wir für deren Inhalte keine Haftung,
da wir uns diese nicht zu eigen machen, sondern lediglich auf
deren Stand zum Zeitpunkt der Erstveröffentlichung verweisen.

Dieses Buch ist auch als E-Book erhältlich.

Verlagsgruppe Random House FSC® N001967

1. Auflage
Originalausgabe April 2019
Copyright © 2019 by btb Verlag
in der Verlagsgruppe Random House GmbH,
Neumarkter Straße 28, 81673 München
Umschlaggestaltung: semper smile, München
Umschlagmotiv: © shutterstock/KASUE
Satz: Uhl + Massopust, Aalen
Druck und Einband: CPI books GmbH, Leck
Alle Rechte vorbehalten
Printed in the Czech Republic
ISBN 978-3-442-75825-8

www.btb-verlag.de
www.facebook.com/btbverlag